夢と目標とHAPPYを
忘れない

ビンボー万歳!

Are you happy?

こんなアホ、
フツーいない

子供の頃からの
ビンボー生活が、
オレを強く
してくれました!

むらやん（村上直樹）

アルケミックス

ビンボー万歳！◉目次

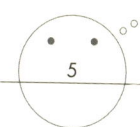

第1章
大阪参上！

Are you happy?

ペラペラトーク炸裂！

「なんでやねーん！　どないやねーん！」と、いまだに関西弁を練習しているのは愛媛の瀬戸内海にある小さな島、伯方島出身、大阪在住、二八歳の〝むらやん〟です。

そんなオレが大阪にやってきたのは、今からちょうど一〇年ぐらい前、田舎の工業高校を卒業して九カ月後、平成九年の暮れでした。

大阪で暮らし始める三カ月ほど前に、田舎の友達とマンションを探しに来たのですが、なんといってもコッチは愛媛のド田舎者。

街頭の電信柱に貼り付けられている賃貸情報のチラシを取って友達と一緒に見ると、場所は大阪の中心地、梅田で、広さは二七平米、風呂とトイレが独立の一人暮らし用新築マンションの家賃が四万三〇〇〇円。

「これめちゃ安いど〜。これに決まりじゃのぉ」

ある訳もない物件のチラシを見て、オレたちは、早速、チラシの不動産屋さんに、かしこまって問い合わせ。

「す、すみません。このチラシの梅田のマンションは、まだ残っちょりますか？」

「ハイ。まだ残ってますよ。今日でしたらお部屋のほうは見に行けますが、どうしますか？」

もちろん部屋を探すためにわざわざ愛媛のド田舎から出てきていて、しかも、その日のうちに決めて帰らなければいけない状態。右も左も分からず、関西弁も話せない青臭いオレたちは、急いでその不動産屋さんに駆け込みました。

――それが客寄せの物件とは知る訳もなく――

不動産屋さんに着いたオレたちは、担当の営業マンとお話タイム。気に入っていた物件のことを聞くと、営業マンは慣れた感じで話し始めました。


「あー、ジュワジュワやね～」。


それを聞いた純真無垢なオレたちは、顔を見合わせました。

――ジュワジュワ？　なんどーそれー？　何かまずいことでもあるんか？――

その営業マンの話に、もう夢中。

「この物件はねぇ、あっ、ほら一階ってチラシに書いてあるでしょ？ で、ここのマンションは、まわりに建物が隙間なくビッシリ立ち並んでいてね、とにかくここは湿気がすごいのよ！ 湿気が！ そういえば、この前もお客さんを連れて行って部屋に上がった瞬間、すごい湿気で、お客さんの靴下ジュワジュワになってもーて、もうこれは大変な物件なんですわ！」

それから、この物件は家賃がペラペラペラ……、更新料がペラペラペラ……、家主がペラペラペラ……、ペッペッとオーペラペラ……なんですわ！


「〝外人〟かよっ！」


思わずツッコんでしまいそうな爆弾ペラペラトークをブチかまされて、オレたちはもうペラペラ（なんじゃそれ）。

ペラペラ営業マンといろいろ話をして、とにかくその物件はダメってことなので、ほかの物件を探してもらうことに……。結局、決まったのは、梅田からかなり離れた住宅地で、家賃は五万五〇〇〇円の十五平米ほどしかない、とっても、とっても狭〜いワンルームマンションに決まりましたとさ。

ちなみに、このときのオレは部屋を現地に行って見るという常識がなかったので、物件の写真だけで決めたのですが、そんな自分にオーペラペラ！

言われたことを何ひとつ疑うことを知らない純真無垢（ホントかよ！）なオレは、部屋を決めて無事？　大阪で一人暮らしをすることができるようになりました。

大阪で生活できるようになったのは良かったのですが、オレは引っ越してきたばかりで、友達はもとより、知り合いすらいませんでしたし、土地勘だってありません（一番なかったのはお金ですけど……）。

ないないづくしのオレでしたが、なんとびっくり！　引っ越してきた日に布団がなかったのです。道に迷いに迷って、新居に到着したのは夜の一〇時。季節は冬で、お外は北風ビュービュー、木枯らしビュンビュン！

布団などの生活用品は大阪でそろえようと思っていたんですけど、こんな時間にド田舎者が、開いている店を知っている訳がありません。

布団もカーテンもない真冬の部屋の床に横になって、手足をガクガクブルブルさせて、凍えながら寝た大阪生活の第一日は今でも忘れられません。

大阪に来てからできた友人たちには、「むらやんは、なんで大阪に出てこようと思ったの？　何かやりたいことでもあるの？」と聞かれることがよくありました。

でも、ほとんどの人にオレは「んー、なんとなく都会っぽいから～」と話していました。

しかし！

当時十八歳のオレにはでっかい目標があって、大阪に出てきていたのです。それは……、なんと！　なんと！　聞いてびっくり！　**「吉本芸人」**になることでした。

ではなぜ、今は専業で株をやっているのでしょうか？　当時はこんな生活が待ち受けているなんて想像してもいませんでした。

まさか、自分が株の世界で生計を立て、妻と二人の息子を養っているとは、今考えても信じられません（この話はまたあとで）。

カールのおじさん、バイト面接に参上

話は戻りますが、当時のオレは大阪のことをまったく知らないし、知り合いもいない。ましてや、どうすれば吉本芸人になれるのかも分かりませんでした。

そんな、何もない、何も知らないオレだったので、一年ぐらいはアルバイトでもしながら大阪の環境に慣れ（もちろん関西弁にも）、友達や知り合いを作っていろいろな情報を収集して地盤固めに専念することにしました。

最初の生活費として握り締めて持ってきていた、なけなしの二〇万円では、底をつくのが目に見えていたので、オレはアルバイト探しをすることにしました。さすがのド田舎者のオレでも、アルバイトの探し方ぐらいは知ってるどー！

ということで、早速、コンビニでアルバイト情報誌の「フロム・エー」と「ａｎ（アン）」を手に取り、立ち読み。二冊買うほどの資金的な余裕はなかったので、高収入バイトが載っていそうなほうを買うことにしました。

結局、オレが選んだのはアン。当時のアルバイト情報誌は巻頭ページがカラーで、残りはほとんどが白黒でした。アンに高収入バイトが載っていそうだと思った理由はひとつ。同じ白黒でも、紙質がツルツルだったからです～（単純なオツムで、どーもスミマセン）。

さて、アルバイト情報誌を買ったのはよかったのですが、よくよく考えてみるとオレの仕事経験は実に少ない。

高校三年生のときに焼肉屋さんで働いてみましたが、鉄板を洗うのがイヤで一週間で撤退（早っ！）。高校を卒業して「かに道楽・広島店」に就職したものの、大阪に行きたい気持ちが強くなって、たったの三カ月でリタイヤ。その後、大阪への引っ越し資金を貯めるために愛媛に戻って土建屋さんで三カ月。そして最後は、家業でもあるペンキ屋さんで三カ月……。それにしても、仕事の続かないオトコやのぅ。

一応？　は社会経験のあるオレでしたが、やったことがある仕事のほとんどが肉体労働。それに、今から働き先を探そうとしている場所は、天下統一した豊臣秀吉が住んでいた大阪城もある大都会、大阪。そんな大都会で、こんなド田舎者のオレが働けるのか？　油断していたら物陰から手裏剣で「ブスリ！」なんてことも……（ある訳ない）。

いろいろな不安を抱えながらも、アルバイト情報誌で真っ先に見る欄は、やっぱり「高収入バイト！」。強欲・傲慢・肉まんのオレは時給一〇〇〇円では物足りず、日給一万円以上の仕事を血まなこになって探しました。

あるじゃないですか、やっぱり！

「日給一万二〇〇〇円以上可能！　実働八時間・初心者大歓迎。業務内容は一般家庭向けの簡単なアンケート調査！」

当時十八歳だったオレの目は、この見出しにもう釘付け。

「え〜っと、日給一万二〇〇〇円で二〇日働いただけで、も—っ！　二四万円じゃないか……」

——にじゅうよんまんえん！　にじゅうよんまんえん、にじゅうよんまんえん……——

頭の中は「にじゅうよんまんえん」でいっぱい。

ん？　ちょっと待て！　普通ならこんな簡単でおいしい仕事が見つかるはずがないと疑うところでしょう。ところが、そこは、ド田舎者のオレ。

「おいおい、三〇日間働いたら、三六万円じゃないか〜」

バカ丸出し状態で、勝手な妄想だけを膨らませ、早速、面接に行くことにしました。都会でのバイト面接が初めてだったので、どういう格好で行っていいかも分からず、とりあえずストライプ柄のオーバーオールを着て行きました（この時点でありえないんですけど）。すると、面接してくれた方がズバリ一言！

「か、カールのおじさんみたいやね……」

――ほ、ほめ言葉として受け取っていいですか……！？――

後日、採用かどうかの連絡をくれるということでしたので、待つこと約一週間。その会社の人から、「村上君（オレの名前）、ウチで働いてみるか？」と採用の連絡を受けました。とりあえず、これで大阪での生活費が稼げるようになった！（月収一四万円、マンモスうれぴー）と喜んでいたのですが、今になってよくよく考えてみると、ド田舎出身の若造で、しかも「カールのおじさん」風の未経験者を雇う会社って普通の会社？

皆さんは十八歳のとき、こんなおいしい仕事ありました？

第2章

30万円の浄水器なんて売れるかよ!

Are you happy?

月収二四万円の妄想計画

さてオレは、二〇日勤務で月収二四万円（妄想）のアルバイトに、とりあえず初出勤。とにかく、言われるがままにやってみようと思い、気合いとヤル気はムンムン。

「とりあえず、何したらいいですか?」

「う〜ん、そうやなぁ。じゃあ、最近入ったばかりのアルバイトの子がおるから、一緒にまわってくれる?」

あらかじめ求人欄の業務内容を確認していたオレは「ピーン!」。

――例の一般家庭向けの簡単なアンケート調査だな。オレも大阪での生活にはまだ慣れてないけど、田舎では人当たりはいいほうだったぜ! フフン、最初からカッコいいとこ見せてやるぞ――

オレはハリキッテ、言われたバイトの子のところへ行きました。

――さあ、アンケート用紙を貸してみたまえ! バイト君（女の子だったので正確には

「ちゃん」ですが）――

いきなりカッコいいところを見せようと思っていたら、なんと！　彼女はアンケート用紙らしきものを持っていないのです。

――む、これは意外。アンケート調査なのに、アンケート用紙を持ってないぞ。愛媛では考えられなかったが、ま、まさか、これも大阪スタイルなのか？――

田舎者なりに焦る気持ちを抑え、まずはバイトちゃんの様子を見ることにしました。しかも、バイトちゃんは、ものすごく浮かない顔つき。

――コイツ、こんな簡単なバイトなのにヤル気なさそうな顔して、なんてオサボリな奴なんだ！――

オレがこう思っていたのもつかの間。バイトちゃんはイヤそうな顔をしながらも、ファミリーマンションのインターホンを〝ピンポーン！〟。

ようやくアンケート調査が始まったかと思い、仕事内容を見ようとしたら、鬼の形相で中からオバチャンが出てきました。

「いらん！　帰れ！」

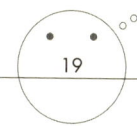

バイトちゃんに向かって一喝！　話を一言も聞かないまま、バシッとドアを閉めてしまいました。

——い・い・い・いっかつ～、にぃかつ～、さんかつ～、よんかつ～、ごぉかつ～、とんかつぅぅぅ（もう意味不明）——

オレはそれを見て、茫然自失！

その後も同じようにマンションをまわってみたのですが、返ってくる言葉は、「結構です！」「帰れ！」「忙しいっ！」ばかりで、あとはほとんど居留守の状態です。

オレはまったく意味が分からず、パニック状態（別名、とんかつ状態）におちいり、「大阪の人は話を聞く習慣がないのか？」と思ったりしていたんですけど、すぐに答えが分かりました。

なんと！　この仕事は簡単なアンケート調査ではなく、

「家庭用浄水器の訪問販売」

だったのです。

――なにぃぃ！　訪問販売ってマンガやテレビの中だけの話じゃなかったのかぁ！――

自問自答を繰り返してみても、これは現実。「大阪すげぇ！」と、これだけでもカルチャーショックだったのですが、さらにびっくりしたのが、販売する浄水器の値段がなんと、なんと、金三〇万円なり！

「売れるワケないだろ！　常識的に考えて！」

簡単なアンケート調査を想像していた「月給二四万円の妄想計画」はバッチリ打ち砕かれ、ここからオレの訪販ライフが始まったのです（業界では訪問販売のことを「ホーハン」と呼んでいます）。

神様！　仏様！　将軍様？

バイトを始めて一週間。営業なんてやったこともないし、自信もない。とりあえず、与えられた仕事にチャレンジしてみたものの、まったく売れない。そりゃあ、自分で売れる訳がないと思っている商品が売れたらビックリですよね。

そんな毎日が続くと、売れないプレッシャーからか、キリキリと胃は痛むし、会社の人にもなじめない……。

給料だって、最初の話では「日給一万二〇〇〇円以上も可能」とのことでしたが、フタを開けてみれば、基本給は一日六〇〇〇円……。

そして、一本（浄水器一個）売れると三〇〇〇円の歩合がつくので、六〇〇〇円プラス三〇〇〇円で合計九〇〇〇円。もう一本売れると、さらに三〇〇〇円の歩合がついて合計一万二〇〇〇円。

つまり、一日に一台三〇万円もする浄水器を二台以上売れれば、歩合を含め確かに日給一万二〇〇〇円以上も可能なのですが……。

「シャチョサン、シャチョサン！　ソリャ、無理ナ話デンガナ〜、シャチョサン！」

怪しい外国人ホステスのようにツッコミたくなってしまう給料システムでした。

ホント、まったく売れなかった最初の一週間は、ストレスと疲労で胃が痛くなるだけでなく、仕事中に足の小指がよくピクピク痙攣していました。

そんな厳しい訪販ライフで覚えた、そしてこれからも一生忘れないであろう玄関先でのインターホントークがオレにはあります。

訪問先のインターホンに出た人に、

「水道水の水質改善の案内でまわっているんですけど、お話のほうはもう聞いてもらってますかね？」

「ん、なんだそれ？」と訪問先の人の頭の中を、はてなマークでいっぱいにすることが最大のポイント！　う〜ん、凄く胡散《うさん》臭いっ！　けど、このセリフは少なく見積もっても訪販ライフで二万〜三万回は言ってきました。決まった言葉をこんなに数多くしゃべることは、なかなかないかもしれませんね。

よくよく考えてみると、ビジネスマンが口にする「お世話になっております」とか、「株式会社○○の○○と申しますが……」みたいな挨拶ともちょっと違うし、ちゃんとした文章になっているので、やっぱりテレアポとかのノリですかね。

話が少しそれましたが、このセリフを最初に口にして相手がはてな状態のうちに、「ちょっと失礼しますね」と家の中に上がり込んで、キッチンに浄水器が付いているかどうかを確認します。

「あ〜、ここはまだですね〜」

意味不明なセリフを吐きながら、おもむろにアプローチブック（営業マニュアル）を開きます。

そして、「大阪の水は汚いですよ」→「水を買うのはもったいないですね」→「浄水器があれば月々わずかなお金で、きれいな水が使い放題ですよ（六〇回のフルローンですけどこ」と説明します。

「なるほど！　いいですね。ではその浄水器買いましょう」という展開を期待しているのですが、ハッキリ言って、「そんなおめでたい奴が世の中にいるはずがない！」と思っていました。

それでもやるしかないので、何百軒と同じセリフを繰り返しながら、どぎつい断られ方をされて疲れ果てたオレは、肉体的にも精神的にも大ピーク。

心身ともに限界を感じていたある日、神様のような人が現れました。

いや、天使様？　仏様？　将軍様？　何かよく分からないけど、とにかく現れました！

あの日の出来事、あの日の感動は今でも鮮明に覚えています。そして、そのお客さんのことも忘れることはないと思います。

大げさかもしれませんが、あの感動は言葉ではいい表せないぐらい凄いです。もしかすると、訪販経験者しか知らない一種のエクスタシーなのかもしれません（ホンマかいな？）。

その日、オレはいつもどおり、その人の家のインターホンを押し、いつもと変わらない調子で説明を一生懸命していました。

もちろん、そのときのオレには話術や営業テクニックなどありませんでしたが、あえてひとつだけあるとすれば、それは「熱意」でした。

とにかく、必死の思いで説明しているオレに、その人は何かを感じてくれたのだと思います。

「お兄さんも、この機会に浄水器お願いしますよ」

説明が終わり、オレはその人に語りかけると、「はいはい～、その話ハイ、終了～。帰

れ！　帰れ！」といつもなら罵声を浴びせられていたのですが、そのお兄さんのセリフはなんと！、

「そうですね。じゃあ浄水器お願いします！」

このとき、オレの足のつま先から脳天までを（方向は逆ですが）、稲妻が一気に通り抜ける感じがしました。

「お客様は神様です」といいますが、そのお客さんがほんとうに神様に見えたのです。そのときのオレは経験が浅く、肉体的にも精神的にも疲れ果てていたことが、そう思わせたのかもしれません。正直、あそこまでの感動は、もうないと思います。

営業の世界には、「営業とはモノを買ってもらう仕事ではなく、自分を買ってもらう仕事」という言葉がありますが、「すばらしい！　まさにそのとおりだな」と痛感しました。

信じられないかもしれませんが、その会社では飛び込み営業が終わるのが、早くて夜の十一時、深夜〇時なんていうのもザラ。

夜のそんな時間に見ず知らずの家に飛び込み営業すること自体、ありえないのですが、オレの深夜訪問記録は、夜中の二時にインターホンを押したときです（普通の人なら爆睡中）。でも、このお客さんは、「待ってました！」と言わんばかりに契約してくれたのです。すべての契約手続きが終わったのが三時半で、会社に着いたら明け方の四時半。このまついでに新聞配達のバイトにでも行けそうな〝好待遇〟の会社です。

当然、そのときの営業方法では訪問販売法違反になります。でも、オレのお客さんでクレームをつける人は一人もいませんでした。

それはモノではなく、自分を買ってもらうことができて、お客さんとオレとの間で凄くいい信頼関係ができていたからだと信じています。

今では法律が改正されて、名前も特定商取引法に変わり、訪問販売業者はどんどん締め出されています。

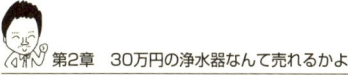

なぜ、そうなるかというと、恐喝まがいなことや買うまで居座るといった悪質な販売方法をする押し売り業者（そりゃ締め出されるわ）があとを絶たなかったからです。

ちなみにオレは、押し売りをしたことは一度もありません。すべてのお客さんが自分を買ってくれたのだと思っています。
深夜二時に突然、お邪魔したり、カップルでデート中の部屋に特攻したり、夏の暑い日には、あつかましくも飲み物をもらったりしましたが、オレが担当したすべてのお客さんに、ここであらためて言いたいです！

ほんとうに、ありがとうございました。

無理だと思っていたことができた。この経験が、不屈の精神を生み出しています。

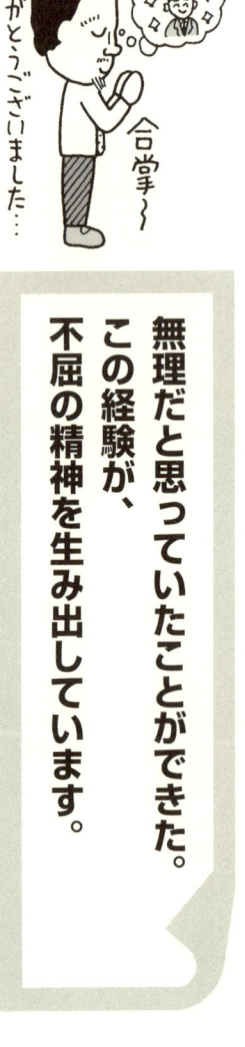

オレには人として、営業マンとしての師匠がいる

この会社で未熟なオレが得たものは、「苦労」と「経験」、そして「営業」でした。

とにかく、この年は死ぬほど働きました！

バイトっていっても、実際の労働時間は一日平均十六時間で、休みは日曜と祝日のみ。

しかも、仕事は死ぬほど辛い訪問販売！　営業成績はトップではなかったけど、常に上位をキープしていました。

「よくやったオレ！」

勝手に自分をほめていたら、「それって給料が良かったんちがうの？」とか言われちゃいそうですが、十二カ月の平均月給はなんと びっくり、二〇万円なぁりぃ～。


ナイス！　ボランティアプライス！

「実働八時間、簡単なアンケート調査で日給一万二〇〇〇円以上可能？」

――そんなもんあるわけない！（昔の自分が、こっぱずかし～）――

そんな仕事で、しかも、給料の安い会社でも、人間関係はもう最高。

誰しも、身近な人で尊敬できたり、師匠みたいな存在だったりする人がいると思います。オレはこの会社で働いているときに、人として、そして営業マンとして師匠といえる人に出会いました。オレの師匠は今も、その会社で働いていますが、心から尊敬しています。

オレが絶対に売れないだろうと思って、師匠に同行してもらったときの話です。

「あのお客さん絶対、無理ですよ」

愚痴にもならない言葉を吐いて師匠にバトンタッチ。すると、あら不思議？

「ぜひ、その浄水器を買わせてください！」

私生活では、お金のないオレを気遣ってくれたり、土地勘がいつまでも身につかないオレをいろんなところに連れて行ってくれたりしました。年は一〇歳ほど離れていますが、年の近い兄弟のように接してくれます。

今でもよく連絡を取っては、バカみたいな冗談を言い合ったりしています。そういえば、先日も自分のことを「ファイヤーボール井上ですけど」って電話してきたなぁ（やっぱりちょっとアブナイ人か？）。

大阪に出てきたてのホヤホヤで、世間知らずの甘チャンボーイのこのオレを飛躍的に成長させてくれたこの会社から、月給二〇万以上の「お金で買えないモノ」をもらったなぁ（イヤ、もらったか？）。

いやいや、しっかりもらったぞ。ていうか、もらったことにしといて〜！　じゃないと、月給二〇万であの労働は納得でけへんど〜！

そしてオレは、その訪問販売会社のバイトを一年働くことなく辞めました。

なぜ、環境も悪くない、成績も悪くないのに辞めたのか？　そう、それはオレのでっかい夢に向けての第一歩、吉本総合芸能学院（ＮＳＣ）の試験日が近づいてきたからです。

一年間辛抱して、いろんな情報をかき集めて、ようやく、ＮＳＣ受験までたどり着いたのです。期待と緊張を胸に秘め、やってきました〝試験当日！〟。


「さぁ、気合い入れていくでぇ〜！」

第3章

夢のNSC入学。ところが……

Are you happy?

でかい声だけで勝負するオトコ

待ちに待ったNSCの試験日がやってきました！

年に一度のチャンスだけに、オレは期待と緊張を胸に秘めて、大阪・難波にある試験会場の「吉本会館別館」へ。

まず、現地に到着して思ったことは……、

「人数多すぎっ！」

でした。

あとで聞いてみると、試験を受けに来ていたのは約一五〇〇人もいたそうです。

さすが、天下の吉本興業！　その光景を見て、オレはちょっと勢いに負けてしまいそうになりましたが、逆に「絶対に合格してやる！」という気持ちにもなっていました。

とてつもない数の受験生なので、オレたちは数十人ずつのグループに分けられて面接を受けることになりました。

ところで、NSCの試験って……？

よく考えたら、面接で何を聞かれるのか、何をしないといけないかもまったく知らないままです。

ノリと勢いだけで受験に来ているオレは、試験についての詳しい説明も聞かずに、どうしたらいいのかばかりを必死に考えました。

――ん？　ちょっと待て、ネタをやれと言われたらどうしよう。相方もいないし、ましてピンのネタなんてないぞ。もちろんギャグもないし。お笑い芸人志望なのにネタがない……。これはまずいぞ！　どうしよう……？――

自分なりにいろいろ考えてみましたが、ネタもないし、ギャグもない。

このまま何もしないのでは話にならないので、とにかく元気があることをアピールしようと考えました。

ネタやギャグでは目立とうにも目立てないので（この時点で芸人失格ですが）、「とにかく目立ったモン勝ち！」の精神で、でかい声だけで勝負することに腹を決めました。面接官の受ける印象が、全然違うと思ったからです。

そうこう考えているうちに、五〇人ぐらいでパンパンになっている会議室のような場所で、いよいよ面接がスタート。

面接官は吉本興業の構成作家や、NSCの講師など五、六人ぐらいの人が担当していて、それぞれの方の判断で良いか悪いかを審査するようでした。

一番目の受験生が面接を終えたときのオレの感想は、「え？　たったそれだけなん？自分をアピールする時間も質問も全然ないやんか！」でした。

受験生の数が半端なく多いということもあると思うのですが、あまりにも面接時間が短かったので、オレはメチャクチャ焦りまくり。

――ヤ、ヤバイこの時間の短さはハンパじゃないぞ。どうやってアピールしよう……（滝汗）――

しかも、聞かれている内容は、自分の名前とNSCに入ろうと思ったキッカケぐらい。コンビで受験しに来ている人たちには、「ネタがあるなら見るよ？」くらいの適当な対応のようにも見えました。

「どうしよう！　どうしよう？」

相変わらず一人で焦りまくってる間に、どんどん自分の順番が近づいてきます。今のところ、受験生はすべて普通に受け応えをしているだけで、特に目立った人はいません。

オレはツルツルの脳みそなりに考えまくりました。

ほかの人との違いを絶対にアピールしたかったので、「とにかく、誰よりもでかい声」で質問に答えようと思ったのです。

ついにオレの順番がやってきて、言葉では伝えられないくらいでっかい声で返事をしました。

返事だけならでかい声の人がほかにもいるかもしれないと思い、返事から話が終わるまで、すべてアホみたいに、体育館の端から端まで、どこにいてもハッキリと内容が伝わるほどのでかい声でしゃべり続けたのです。

何といっても試験会場は三〇坪ほどしかなかったので、その場所では必要のないくらいの大きさの声です。

――完璧にアピールできた！――

でかい声を出し続けたオレをほかの受験生が振り返って見るほどでしたので、オレは自信を取り戻しました（ニヤリ）。

そのあとも、特に目立った人は出てこないまま、すべての面接が終わりました。

「何か質問などはありますか？」

最後に審査していた講師の方々が試験を終えようとしていたので、「さらにチャンス到来！」と張り切りまくりで質問しようとしたそのときです。

さすがに、ここはNSCの試験会場。我の強い人間の集まりですので、オレより先に面接を終えていた田村（仮名）がオレのスペシャルビッグボイスに負けじと、でかい声で質問していました。

この中ではかなり目立ったはずだと思っていても、あまりにも面接時間が短すぎたので、最後にまたためちゃくちゃでかい声で追撃！

「すみません！　ほかに何かアピールする時間はもらえないのでしょうか？」

すると……、

「あ、キミはもう大丈夫だからー」。

講師の方が口にした言葉で、オレは面接での勝ちを確信しました
実際に同じ面接会場で受験した人の中で、講師の方々に猛烈なアピールをしていたのは、オレと先ほどの田村くらいでした。

なかにはコンビで面接を受けに来ていて、

「ネタあるの?」

「ハイあります!」(ハリキリ!)

「ネタちょっと見せてよ」

「いや〜、ちょっとそれは……」

——何しに来てるんですか〜?——

漫才をしにきているのに、漫才をしない〝猛者〟もいました。

——不思議な奴もいるもんだなぁ——

世の中の広さに驚愕しながら、その日はまわりにいた受験生たちと少し雑談をしてから帰宅。面接で〝勝ち〟を確信したといっても、実際に合格通知を手にするまでは、「たぶん大丈夫だろうなぁ。いや、絶対大丈夫！」と不安な気持ちを抑え、できるだけプラス思考で考えるようにしていました。

そして、NSCの合否通知が来るまでに結構な期間がありましたので、生活費を稼ぐために短期の派遣アルバイトを転々として過ごしていたある日、ポストに一通のハガキが届きました。

差出人は待ちに待った「吉本総合芸能学院」からでした。普段から細い目をさらに細くして、チラリと裏面を見てみると……、

「合格」。

「おおおお！　よっしゃー！」

嬉しくて嬉しくて半泣き。

NSCへの入学が無事に決まり、ようやく自分の夢に向かっての第一歩を踏み出すこと

ができるようになりました。

学費は、確か入学金込みで年間三〇万円ほどだったと思います。このときばかりは自分でお金を用意することができなかったので、頭を下げて親に借りて支払いました。

「どんなときでも、どんな環境でも立ち向かう！」
コレ訪問販売で体得した技です。

島木譲二似のオヤジに感謝

オレが吉本に入りたいと言ったとき、オヤジはめちゃくちゃ反対していました（片親なのでオヤジ）。

芸能界を目指そうとして（お笑い以外でも）、親に反対されるというのはよくある話ですが、実際にその立場に立ってみると、説得するのはものすごく大変です。なかには、やっていける才能があっても、親に猛反対されて断念した方も多いのではないでしょうか。

最初は反対していたのに、オレをＮＳＣに行かせてくれたオヤジの口グセは、**「必ず目標を持ってハングリーに生きろ！　人に迷惑をかけなければ、何でも自分の好きなようにやれ！」**というものでした。

そんなオヤジなので、自分の中の「息子への理想」とはほど遠くても、オレの強い気持ちが少しは伝わったのかもしれません。オヤジの気持ちをいろいろ想像すると、オレはとても親に恵まれていると思いました。

きっとオヤジはオレを見て、若い頃のやんちゃな自分と重なるところがあったのでしょう。口には出しませんでしたが、家業を継いでほしかったはずのオヤジは、オレの進もうとする道をまったく邪魔しませんでした。

そんなオヤジに心から感謝です。

二人とも自分のネタは最高だと思ってます

NSCに入学したオレでしたが、「この学校って、いったい何をするところなの？　どんな勉強をするの？」と疑問を持たれた方も多いのではないでしょうか。

NSCでやることといえば、「発声練習とネタ見せだけ」と言っていいぐらいです。

発声練習は滑舌《かつぜつ》を良くするためと、腹式呼吸を身に付けるためです。

ネタ見せというのは、自分たちで考えたお笑いのネタを吉本興業所属の講師や構成作家の方々に見てもらってアドバイスをもらいます。そして、指摘された点を修正したネタをもう一度、見てもらったり、新しいネタを考えたりする作業の繰り返しです。

同期で有名になった芸人といえば、「キングコング」や「なかやまきんに君」。授業のネタ見せのときや、NSCの裏の公園で相方とネタ合わせをしているときによく見かけました(あんまり仲良くなかったけど)。

オレみたいに一人で入ってきた生徒は、NSCで相方を探してコンビを組みます。ですが、ここで難しい問題が発生。

オレは漫才でボケを担当したかったのですが、あまりにもボケをやりたがる人が多すぎて、ツッコミをやる人がいなかったのです。オレはあきらめてツッコミ担当でやっていたんですが、ボケたい者同士が漫才のネタを考えると必ず衝突するんです。

しかも、「二人とも自分のネタは最高だ」と思ってるから、すごく厄介。どっちも意見をまったく譲らないんですよね。

そうなると、「もう辞めようか」って。

そんなことの繰り返しで、オレは一年で相方が一〇人近くも入れ替わる始末。意見が衝突してばかりで、漫才コンビも難しいなぁと思いました。

実は小心者なんです

面接では元気ハツラツ、入学したら元気ムンムン、そして相方とは激しく意見が衝突したり、感情をむき出しにして怒ったりして、常に「元気ビンビン丸」でやっていましたが、実はオレ、小心者だったんです。

小・中・高と学校では明るい性格だったと思いますが、初めて会う人や見ず知らずの場所では元気ビンビン丸になれない、つまり、小学校から高校までは、環境に慣れるまで人見知りをしておとなしく、慣れてくるとはっちゃけるタイプだったのです。

でも、大阪で訪問販売の仕事を経験したおかげで、最初からノリノリボーイになれたのだと思います。訪問販売っていうのは、見ず知らずの人の家にズケズケと上がりこみ、果敢にセールスするのが仕事ですから、どんな人とでもしゃべれるようになるんですよね。

そんな自分をさらに強くした訪問販売では、ほんとうにいろんな人と出会いましたよ。

あるときは、訪問先のオッサンがいきなりキレて、

「オマエの上司のところに連れて行け！　クルマどこや！？」

近くに停めていた会社の営業車のところに行こうとするのです。

「ここを右に曲がったところにありますよ」

オレは思いっきり逆の方向を教えて、オッサンが振り向いた隙にダッシュして逃げるとか……。

またあるときは、玄関のドアを開けると、パンツ一枚に全身刺青の好青年（なワケない）が出てきたことがあります。

「おお～、体凄いですね～。趣味ですか？」

「ワシは本職やぁ」

真顔にドスの効いた声が響き渡ります。

「水道の点検が終わりましたので、ここの水道は問題はないようです」

意味不明なことを言って逃げたりとか……。

そんな修羅場をくぐり抜けてきたおかげで、初対面の人や初めての環境でも、最初っから元気ビンビン丸になれるようになったんだと思います。

「やっぱり人は成長しながら生きていくんだなぁ」とつくづく思いますね。

さて、NSCの授業料をオヤジの支援で払い終えたものの、オレは家賃を節約するためにとっても狭～いワンルームマンションを引き払い、浄水器の訪問販売会社で知り合った小野（仮名）という男友達のオヤジさんが以前使っていた2LDKのマンションで一緒に住むことになりました。

「これでほんとうに節約できるの？」と心配されるかもしれませんが、大丈夫！　小野のオヤジさんからの又借りなので入居時の保証金が不要なだけでなく、小野の彼女と小野の弟の四人が暮らしていましたから……。

しかし、オレはNSCを受験するときに仕事を辞めていましたから、学校に通いながら、生活費も稼がなければいけません。

NSCの授業はお昼の二時から一時間、夜の六時から一時間といった感じで、すごく中途半端。そのため、普通のアルバイトでは時間の都合がつかないのです。

できるとしたら深夜のアルバイトか、好きな時間に出社させてもらえる会社を探すしかありません。とりあえず、深夜のカラオケ店でのアルバイトを見つけて仕事をしていましたが、勤務時間が夜の一〇時から早朝四時までなので、とにかく昼間が眠いのです。

そんな生活が一〇日ほど過ぎたある日、訪問販売の会社で一緒に働いていた友人から、「転職した今の会社で、時間の都合は好きなように組めるフレックスタイム制のような、雑用やるだけで時給一〇〇〇円のアルバイトがあるよ」とのお誘い。

早速、面接を受けることにしました。

オレは「変わり身の術」が得意。夜はシッカリ「おねんね」したいので、すぐにカラオケ店のアルバイトを辞め、フレックスタイムのアルバイトで時給一〇〇〇円もらえる会社に〝移籍〟。しかし、「ここが、またとんでもない会社」だったのです。

NSCと、とんでもない会社。オレは二足のわらじを上手に履いていかなければいけない状態になりました。

第4章

夢と欲望、そして選択

Are you happy?

やっぱり営業やりたいなぁ

ＮＳＣに通いながら新しいアルバイトを始めることになったオレですが、この会社へ入ることができたのは、浄水器の訪問販売会社のエステ事業部で知り合った友人のコネがあったからです。

いつでも自由に出勤できて、シフトも自由。さらには、仕事が簡単な雑用なのに時給が一〇〇〇円ももらえるとは、当時のオレにとって天国のような、とてもとてもありがたい会社でした。

この会社の業務内容は絵画販売です。胡散臭さがプンプン漂ってきますが、漂ってくるのではなくて、ほんとうに胡散臭いのです。

街頭を歩いていると、キャッチセールスめいたお姉さんたちが、「展示会やってますので〜」みたいな画廊がありますよね。この会社は、まさにアレです。販売方法がちょっと変わっていましたが、大まかにくると訪問販売業です。

訪問販売業といっても、実際に各家庭をまわって飛び込み営業することだけが仕事じゃありません。

「訪問販売とは、かなりの利益を乗せた高額商品をショッピングローン（信販）を組んで販売するビジネス」というのが、この業界の共通認識でした。もちろん、オレもそう思っていました。販売する商品は、浄水器、寝具、掃除機、絵画、教育教材、健康器具、化粧品、美容器具、宝石、リフォーム等々……。

この会社に入ってオレがすごく感じたことは、「なんて楽な会社なんや！」ということでした。なぜなら、前に勤めていた浄水器の訪問販売会社は、直接訪問するタイプの飛び込み営業でしたし、鬼のような拘束時間だったからです。

一緒に働く仲間は年の近い人ばかりで、「学校」に来ている感じと似ていたからかもしれませんね。しかも、この会社はオレがNSCに通いながら働くことを認めてくれていましたから、お笑いのネタを会社のみんなに見てもらったりしていました。

当初、オレは雑用係で入っていましたから、仕事といえば、印刷物を作るために輪転機を回したり、DMを作る作業を手伝ったり、荷物運びをしたりと、簡単で楽なことばかりさせてもらっていましたから、しばらくの間、ユルユルの日々が続きました。

しかし、オレは、ほんの少し前まで〝過酷な訪問販売の営業〟をしていたことと、すぐに人のやっていることに興味が湧く「興味津々丸」だったので、みんなの営業している姿を見て、「オレもこの営業やってみたいなぁ」と思っていました。

すると、その会社の社長はオレの気持ちが透けて見通せたのか、「村上君、営業手伝ってくれないか?」と誘ってくれたのです。

売れたら歩合もつけてくれるということもあり、喜んで営業の仕事も引き受けると、前職の営業経験が生きて、すぐに結果を出すことができました。

しかも、同じフロアにいる営業仲間は男性五人と女性三人というメンバーで気の置けない人ばかりです。あっという間に仲良くなり、営業から戻ってくると和気あいあいと営業トークを考えたりもしていました。

仕事がうまくいけば、NSCにも気持ちよく通うことができます。

しかし、この会社に入ったとき、オレは貯金どころか、所持金すらほとんどないウルトラ貧乏でした。

一カ月の定期代が会社から支給されるので、電車を使えばよかったのですが、友達から三万円で買ったスーパーカブで通勤していました。そのほうが少しでも多くのお金が手元に残るからです。

オレはもともとバイク好きだったこともあって、片道四〇分ほどの通勤時間がかかりましたが、特に辛いとは感じませんでした。さすがに雨の日は結構キツかった記憶がありますが。それでもオレは、雨でビショビショになってでも交通費を浮かせたいと思うほど貧乏な状態だったのです。

どのくらい貧乏だったかというと……。

その頃、お酒はあまり飲んでいなかったものの、タバコはやめられず、いつもは一箱二八〇円もするパーラメントを吸っていたのですが、一箱九〇円のエコーに替えて節約していました。

朝食は抜き。昼食は白ご飯を自宅から弁当箱に詰めて持参して、おかずはミートボール。つまり、「ミートボール丼」を毎日食べていた訳です。晩ご飯も昼食とまったく同じメニューで、ちょっとしたミートボールマニアになっていました（イシイ最高っ！）。

もちろん、ミートボールは激安のスーパー（大阪の激安スーパーといいますと、スーパー玉出）で買っていたのですが、これがまた毎日安い商品が多くて、もやしが一円だとか、豆腐が十九円だとか、うどんが一玉二〇円だとかの超激安！

こだわる人からしたら、鮮度がどうの、賞味期限がこうのと言っていましたけど、オレ的にはまったく問題ありませんでしたね。見るものは値札のみ！

ほかにも、ディスカウントストアの「ジャパン」で即席ヤキソバの「一平ちゃん」を大量に買い込んで、会社にまとめて置いておいたりと試行錯誤を繰り返していました。

即席ヤキソバがなぜ、日清の「U・F・O」ではなくて、一平ちゃんだったかというと、これまた一平ちゃんのほうが一個二〇円近く安かったからです。

当時は、味とか好みとか考える余裕なんてなく、とにかく安くてその場をしのげるもの！　という心境でした。

大恋愛、始まる

厳しい試練に堪え忍びながら毎日を過ごしていましたが、中でも一番辛かったことがあります。とにかくオレは寂しがり屋で、仲間と一緒に遊びに行ったり、楽しく飲みに行ったりすることが大好きでした。

しかし、このときはお金があまりにもなさすぎて、まわりのみんなからの誘いをすべて断らなければなりませんでした。仲間は「オゴるから気にするな！」と言ってくれていたのですが、やはり甘えすぎるのは良くないと思い、ほとんどの誘いを断っていたことが、とても悔しくてみじめで、今思い出しても悲しくなってきます。

辛く厳しかった時期を何とか耐え抜き、待ちに待った初めてのアルバイト代を手にする日がやってきました。出勤できる日はすべて働きましたので、その甲斐あって給料は二〇万円を超え、この金額なら一人暮らしのオレにとって充分でした。

給料が入ったおかげで、ようやく極貧生活から抜け出すと、気持ちにも余裕ができたオレは、徐々に遊びや異性のことを気にするようになっていました。

浄水器の訪問販売会社では一緒に働いている仲間が男ばかりで、女性と知り合うといえば、当然、会社の外。ところが、この会社では異性との出会いも充分にありました。

オレは働き始めた頃から営業フロアで働いていた福井さん（仮名）という女性を可愛いと思っていたので、少し浮いた気持ちで、彼女にいろいろ突っ込んで聞いてみることにしました。

「福井さんは彼氏とかいるの？」

「うん、彼氏いるよ～」（キッパリ！）

——唖然——

「彼氏と結婚とかは考えたりしてるの？」

「うん、考えてるよっ！」（サッパリ！）

——騒然——

「何か楽しそうでいいね～」

「う～ん。で、来年の今ぐらいに結婚する予定やねん」（ヤッパリ！）

――座禅（悟りを開いた）――

浮いた気持ちで質問したオレは、ナゾの三段活用で悟りを開いたつもりでしたが、残念な気持ちを抑えることができませんでした。とはいえ、「この職場で楽しく過ごせるだけでもいいかなぁ」と気持ちを切り替え、仕事とNSCを頑張ることにしました。

この会社ではほんとうにみんなの気持ちが合い、学校の仲良しメンバーのようでした。その中でも、オレと福井さんは特に仲が良く、日に日に彼女に魅かれていくようになりました。しかし、彼氏もいて結婚の予定もあるということなので、気の置けない友達として接するしかありません。

いつもどおり過ごしていたある日、仕事が終わったときに福井さんが、「お好み焼きでも食べに行く？」と誘ってくれたので、オレは迷うことなく、「うんうん。行く！　行く！」と何かを期待しつつ快諾。

お好み焼き屋さんでは仕事や人間関係の話で盛り上がりましたが、それ以上の進展はもちろん何もありませんでした。

福井さんとは、その日を境によくご飯を食べに行くようになり、いつも楽しく過ごしていました。

ある日、終電に間に合わず、オレはクルマで福井さんを送ることになりました。彼女の家が会社から遠く、オレは普段から社用車に乗っていたからです。

福井さんの家に近づくにつれて、「何かいつもと違うことが起こらないかなぁ」と変な期待をしながら妙にドキドキ。

同時に、「福井さんの家がもっと遠くにあれば、もっと一緒にいられるのに……」と考えていたそのとき、ふと彼女とオレの手が触れ合って、車内は変な緊張感に包まれました。

焦ったオレは冗談半分で、

「おお、ゴメン、ゴメン。なんやったら手でもつないで帰る？　ハハハ……」。

そこからオレたちは、とりたてて会話をすることもなく、気がついたら手をつないで帰っていました。

福井さんに彼氏がいることも知っていましたし、結婚も考えているということだったので複雑な心境でしたが、オレは福井さんに対する気持ちを抑えることができず、ここからオレの大恋愛が始まりました。

とにかく
がむしゃらにぶつかれば、
道は自然と開けるもの！

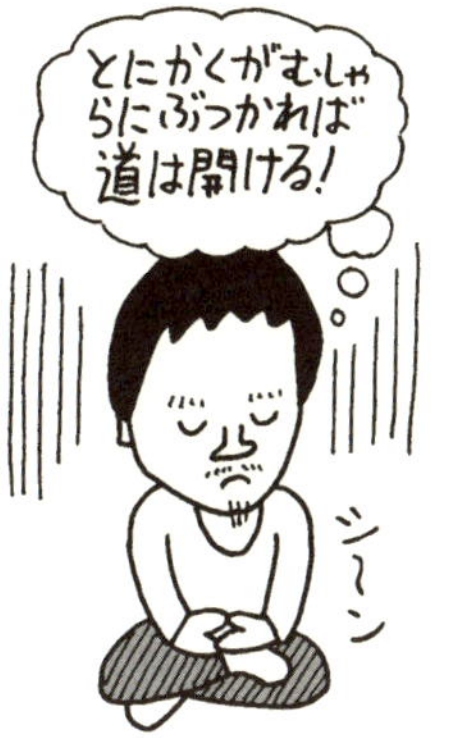
とにかくがむしゃらにぶつかれば道は開ける！
シ〜ン

彼氏と別れたよ〜

オレは福井さんのことがすごく好きになっていたのですが、彼女にはイヤな思いをしてほしくなかったので、「彼氏とは今までと同じように付き合ってね。オレのことは何も気にしないでね」と言い、いつもどおり過ごしてもらっていました。

オレは、福井さんに彼氏がいようと、相手してもらえているだけで充分でした。常に影の存在として過ごしていましたし、結婚が決まっている彼女の幸せを壊すつもりもありませんでした。

そんな関係が数カ月続いたある日のこと。

なんと福井さんが、「彼氏と別れてオレと付き合う」と言ってくれたのです。正直、メチャクチャ嬉しかったです。

最初はオレからの一方的なアプローチでしたが、知らず知らずのうちにお互いが魅かれ合うようになり、二人でいることがとても幸せでした。

ですが、オレはNSCに通っている身でしたから、結婚できる状態ではないことは分かっているつもりでした。しかも、仮に結婚の予定を取りやめて付き合ってもらったとしても、そのときのオレは彼女を幸せにできる自信がありませんでした。

「メチャクチャ嬉しいけど、絶対、今の彼氏と別れないほうがいいと思うよ。オレと一緒にいたら苦労するばっかりやから」

内心では、「それでもいいから彼氏と別れて付き合う」と、彼女から押し切られる言葉が欲しかったのですが、この件は結局、保留のまま話が終わりました。

ところが、しばらくしてから、福井さんが信じられない言葉を口にしたのです。

「彼氏と別れたよ〜」

オレは嬉しくて、嬉しくてしょうがなかったのですが、現実のオレはNSCに通っている貧乏なフリーターだったので、「付き合っても幸せにできるのだろうか……」と、ものすごく不安な気持ちでいっぱいになりました。

この頃からオレは、NSCをちょくちょくサボるようになっていたのです。

オレがワガママなせいで、相方とは長続きせず、コンビを組んでは解散を繰り返すばかりで、NSCでの活動自体がうまくいってなかったということもあるかもしれません。

しかし、それ以上に、「福井さんといるほうが楽しい」という理由が一番大きかったと思います。ほかにも、自分自身の貧乏への不満やいろいろな思惑が、オレの頭の中を毎日駆け巡っていました。

やっぱり給料はもらえない

そんなとき、タイミングが良いのか悪いのか分かりませんが、アルバイトの会社でトラブルが相次ぎ、顧客からのクレームがとんでもない数に……。

そして、会社の財務内容が悪化して、経営は火の車になってしまいました。

この会社は、設立一年であっという間に全国展開を果たして派手にやっていたのですが、販売方法などに問題があって、顧客からのクレームは日に日に増加する一方。全国の店舗をどんどん閉鎖する羽目におちいりました。

最終的には、大阪本社と東京支店の二つだけになったものの、それでも運転資金が完全にショートして、従業員の給料すら払えない状態になってしまいました。

福井さんはこの騒動が起こる少し前に辞めていて、ほかの人たちも次々と辞めていったのです。

オレはといえば、この会社の幹部の方たちと仲が良かったので、給料がもらえない状態が多少続いても、「いつかはもらえるだろう」と淡い期待を抱きながら働いていました。ただ、このときはほんとうに経営が大変だったみたいです。

この会社の会長には、会社を絶対に潰してはいけない理由があったようです。

「不渡りになったら絶対アカンど！　今日の三時までに住友（当時）に三〇〇〇万入金しなアカン！　それも振り込みはアカンで！　現金で入金するんや」

ある日突然、キレまくり。どうやら手形を切っていたようです。この話を聞いた時点で時計の針はちょうど午後の二時を指していました。

「アカン、時間がないど！　村上はバイクやな？　オマエが行ってこい！」

――えっ？　オレが……？――

返事をしてもいないのに、通帳と印鑑を二セット渡されて、オレは不渡りになるかどうかの大仕事を任されてしまいました。冷や汗タラリ……。脂汗ジュワリ……（汗かき）。

すかさずバイクにまたがり、心斎橋の三和銀行（当時）のカウンターに着くや、いきなり、わめき散らしました。

「急ぎで三〇〇〇万出金してください！　時間がないんです！」

「あの、お電話で予約はされてますでしょうか？」

オレは、かなり怪しまれまくり。

確かにショキングピンクのスーパーカブに乗った二〇歳の若造が突然、現れて、大金を引き出したいと言えば、誰だって同じリアクションをするでしょうね、普通。

しかし、オレは、ここでもパワープレイ。

「とにかく今すぐ出してください！」

必死の思いが通じたのか、お金をすぐに用意してくれました。

焦りまくりのオレは、ビックカメラの紙袋に現金三〇〇〇万円を入れて、ド派手なバイクで御堂筋を爆走したのを覚えています。

このときは無事に入金できて不渡りを防ぐことができたのですが、やっぱりオレの給料が入ってくる気配はありませんでした。

二カ月半ほど無給の状態で頑張っていたのですが、働いた分の給料はもらえず、NSCに通う余裕すらなくなりました。

通帳の残高がたったの〝二円〟。

これでは、仕事を続けることはおろか、生活することもできません。残高がゼロに等しい通帳を見つめながら、オレは生活を立て直すことを第一優先にして、会社を辞めることにしました。

この会社に入社したときが一番貧乏だと思っていたのですが、よくよく考えると辞めたときのほうがもっと貧乏だったかもしれません。

そんな状況でも、オレは福井さんとちゃんと続いていて、お金の面では福井さんにかなり迷惑をかけてしまいました。男性が女性を助けるのが一般的ですが、福井さんは「楽しければそれでいい」と言ってくれて、ほんとうに支えてくれました。

そんなこんなで、なんとか乗り切ってきましたが、しばらくすると、オレは「夢と欲望」のどちらかを選択しなければいけない状況に追い込まれてしまいました。
そして、オレが選んだ道は……。

**販売機でジュースを買うことすら
できない状態でも、
オレはちゃんと生きてます。**

第5章

吹っ切れた！

Are you happy?

一番キツかった車上生活

「とにかく金がない」

これ以外の言葉が見つからないほど、辛い状態におちいりました。

絵画販売の会社に入ったオレは、このときも小野と一緒に住んでいたのですが、小野や小野の彼女、小野の弟との共同生活がうまくいかず、逃げ出すようにマンションを飛び出しました（オ〜ノ〜！）。それからは、いろんな家を転々とする日々が続きます。

金もないが、家もない。とても恥ずかしい状態でした。なかでも一番キツかったのが、そのとき知人から借りて乗っていたトヨタのワンボックスカー「エスティマ」で、いわゆる車上生活をしていたときです。何が一番辛いかというと、クルマなので「風呂がなくて、頭がめちゃくちゃかゆくなる！」ことでした。

荷物だけは預かってくれる友人がいたので助かりましたが、夜になると、毎日、せっせと銭湯探し。あまり銭湯事情に詳しくなかったこともあり、なかなか見つけることができずにとても大変な思いをしました。

銭湯が開いていないときには、友達の家で風呂を借りたりしていたのですが、友達にも都合があるので、借りられないことが何度もありました。

ただ、頭がかゆくなること以外、貧乏な生活はまったく気になりませんでした。たぶん、小さいときの体験が、オレを貧乏生活にたえられる体に鍛え上げてくれていたのかもしれません。そんな幼少時代の貧乏話を少し紹介してみたいと思います。

ビンボー×ビンボー

「ワンカップ大関」！　皆さんはこの商品名を聞いたことありますか？

酒飲みの方ならご存じかもしれませんが、販売機などで売っているビンのカップに入った日本酒です。この商品名、どうやらオレの頭の中から一生離れそうにありません。

それは、オレが四歳のときの話です。

ウチの家庭はオヤジ・オカン・オネエ・オレ（全部カタカナで書いていますが、外人ではありません）の四人で構成されている核家族。いわゆるおじいちゃんやおばあちゃんとは一緒に住んでない、最近ではよくありがちな家庭でした。

突然ですが、皆さんの家庭は裕福でした？

世の中の家庭を裕福・普通・貧乏に分けると、オレの家はもう一段下の「びびび貧乏」ってとこですかね。さて、そのびびび貧乏が、どんな感じだったかというと……。

「ん？　ちょっと待てよ……」

ウチの家庭はびびび貧乏って話なのですが、もしかしたら貧乏じゃないかも。

少し話はそれますが、ウチのオヤジは六人兄弟の末っ子として育ち、親兄弟からちょっと甘やかされていたみたいで、土地はオヤジのオヤジ、つまりおじいちゃんの畑を結婚するときに譲り受けたらしいのです。

まあ、土地といっても、愛媛のド田舎の島の畑（農地）なので、そんなもん二束三文にもならんですけど、よくよく考えると、家って農地に建てられないはずなんですよね。

しかし、そこは村上家！

オレだけじゃなく家族全員ちょっと変わっていて、当時はオヤジのミスター自分勝手が炸裂したようです。なんと、農地に許可なく家を建て始めたのです。

さすがに役場（田舎なので、役所じゃなくて役場）の人も、それはまずいということで注意しに来たようです。

農地を宅地に変更するには、一定の条件をクリアしないといけないらしいんですけど、オヤジは、「農地を宅地に変えとってくれ」と言っただけで、強引にその土地を宅地として使ってしまったそうなのです（う～ん、ミステリアス）。

そんなこんなで、土地代はゼロ円。

そして、家（上物）は平屋の４ＤＫなのですが、金がなかったオヤジは、親戚から金を集めてきてキャッシュで建てたらしいのです。

それを聞いてオレは、「やっぱり家一軒やったら最低でも一〇〇〇万から二〇〇〇万のお金は必要なんやろなぁ」と思って、オヤジにいくらで家を建てたのかを聞いてみました。

「なぁオヤジよぉ……、この家は親戚に金借りて建てたんやろ？　一〇〇〇万も二〇〇〇万も借金返すの大変やで。実際ナンボやったん？」

「ご、五〇〇万や……」

オヤジはあまり話したくなかったのか、眉間にシワをよせて、こう答えたのです。

「安っ！　どうりで、すべてがペラペラやと思ったわ～」

やっぱりウチは、びびび貧乏でした。そんな貧乏エピソードをお盆やお正月、ゴールデンウィークなどの連休にオネエと話すことがよくあるんですけど、オネエが一生忘れられないのは「給食費」のことのようです。

オレとオネエは年が二歳離れているんですけど、どうやらオレの記憶にある貧乏話より二年早く生まれたオネエの時代のほうが、もっと貧乏だったようです。

村上家では、小学校の給食費を払う時期が近づいてくるとあわただしくなります。皆さんの家庭では、いかがでしたでしょうか？

きっと、「〇〇ちゃん、給食費渡しておくね。落としたりしたらダメよ。気をつけて持って行ってね」とランドセルに入れられたのではないでしょうか。

――う～ん、裕福だ――

これが村上家になると、ちょっと違います。

まずはオカンの声が家中に響き渡ります。

「ナナ（オネエの名前）！　家の中、全部探すよ！」

財布でもなくしてしまったような形相で、家の中をオカンとオネエが走り回ります。

探す、探す、探す……。

布団の下、タンスの中、風呂場、玄関、トイレ、裏庭……、開けられるところは全部開けるし、めくれるものは全部めくって探します。さて、そこまで必死になって探すもの。

それは、財布でも通帳でも印鑑でもないんです。

二人が必死になって探しているもの……。それは、

「小銭」。


そうです！　そうなんです。小銭を探しているんです！

その理由はただひとつ。集めた小銭で給食費を払おうとしていたのです。なんと、当時のウチには、給食費を払うお金すらなかったのです。

おおカッコイイー（実は凄くカッコ悪い）。

これはオネエの実体験ですけど、オレも忘れているだけで、きっと一緒になって探し回っていたと思います。給食費を持って行けなくて、期日より遅れて払っていたのは、よく覚えてますね。

でも、オレは小銭を探し回った記憶があんまりない。幼い自分には、鬼ごっこか、かくれんぼのようなゲームをしている感覚で過ごしていたと思うんですけど、給食費を持って行けなくて「忘れました」と言っていたことだけは、今でも覚えています。

アレはアレで恥ずかしかったけど、もっと凄い伝説もあるんですよね。

あ、ちなみに自分の親を擁護するわけではないですけど、給食費などの一般的な経費は遅れながらでも、きちんと払う人間なので、ちゃんと給食費は払っていましたよ（すんごい遅れることも多々あったけど）。でも、そこは社会のルール。

それを掟破りするような親だったら、今のように尊敬していたかどうか分かりませんね。

それにしても、最近では払うお金があるのに、「義務教育で勝手に出てくる給食に、なんで給食費を払わないといけないの?」という親もいるみたいですね。そんな親にはなりたくないと、心の底から思う今日この頃です。

すっかり、オネエの給食費話になってしまっていましたが、「あんなもんで貧乏？　まだまだ甘い！」と思われた方に朗報（朗報の使い方間違ってないか？）。それはそれは、世にも奇妙な物語。タモリもビックリです。

むらやん少年の事件簿。

あれは今でもしっかり覚えていて、季節は夏？　Tシャツでも過ごせる夕方でした。

オレは四歳、オネエは六歳。夕日も沈みそうな時間帯に家の近くをオカンと三人で散歩していたときのことです。

オカンが突然、**「これはいいものが見つかった」**と歓喜の声をあげたのです。

おお、オカンも喜ぶものって何だろう？　お金でも拾ったか？

どうやら違うようです。

オレとオネエを呼び寄せたその先にはゴミ捨て場が……。うんうん、ゴミ捨て場は意外といいものがあるからね。ちなみにオレも大阪で営業をしているときには、「まだまだ使えます。見つけた方はぜひ持って帰って使ってくださいね」という紙が貼られている掃除機を拾ったことがありました。「きっと家電製品か、家具に違いない」と思ってオカンのほうに近づいて行きました。

オカンが指差すその先には、**「ん？　これはバカラ製のグラス？」**と目を疑うほどきれいな輝きを放つグラスが捨ててありました。しかも、いっぱい！

オカンは、ゴミ袋いっぱいに入っていた〝素敵なグラス〟をオレとオネエに持たせて家路を急ぎ、丁寧に洗ったあとは、確かフライパンか何かで熱殺菌もしていたと思います。

そして、本棚のような食器棚いっぱいに並べて、貧乏なウチの家庭にも素敵なグラスが揃うことになりました。

そのグラスのすべてには、「美しくデザインされた文字」が描かれていました。

その文字こそが……、

「ワンカップ大関」。

「ワンカップの空きビンを拾って素敵なグラスはないやろ～」という厳しい指摘は無視

して、そんな貧乏な家庭で精神的に鍛えられたのか、オレは多少の貧乏経験ではビビらなくなっていました（カッコよく言っていますが、実は救いようがないくらいカッコ悪い）。

新しく知り合った友達と貧乏話に火がついて、この話をすることがあるのですけど、だいたい話したあとの友達のレスは……、

「ちょ、ちょっと、そこまではないな（滝汗ジュワリ）」

「おお！　さすがにここまではないか」

オレは妙に感心したりします。

これ以上に貧乏な経験をしている方もたくさんいらっしゃるとは思いますけど、オレはある程度の貧乏生活になら耐えられる体になっていたので良かったのかもしれませんね。

しかし！　貧乏経験が豊富でも、その貧乏な生活をしたいと思ったことは一度もありません。むしろ、お金がなくて苦労する生活だけは絶対にしたくないと思っていました。

この強い気持ちが、ＮＳＣにもまともに行けない貧乏なオレに、「夢を叶えるには努力と才能。でも生きていくには、お金が何より大切」であることをあらためて気づかせてくれました。

オレは結局、NSCをあきらめることにしました。

「吉本芸人になる」という高校時代からの夢が挫折したのはとても悔しかったのですが、オレにはもう選択の余地はなく、NSCのことなんて考えていられませんでした。普通に生活すること自体が厳しい状態になっていたからです。

このときは、「世の中、金が必要なんじゃ！」と強く感じ、完全にオレの気持ちは吹っ切れました。この瞬間、オレが大阪に来た意味はまったくなくなってしまったのですが、次の目標がないのに大切な夢を捨てるような性格ではありません。

そう、すでに次の目標が明確に定まっていたのです。

貧乏という経験は、自分を何倍にも強くしてくれる。

仕入原価にビックリ&ニヤリ

「ワンカップ大関」寸前の状況で見つけた次の目標。

それは、今まで苦しみ続けたお金、そう「お金を稼いでやる！」という単純な目標でした。目標が単純すぎて、「コイツはアホなの？」と思った方もいるかもしれませんが、アルファベットが書けたら受かると言われている「英検五級」を落ちた男。ただのアホではありませんよ。アホの発音をも変えてしまうような**アフォ**です。

簡単に「稼ぐ」といっても、どうやって稼げばいいのかも分かりません。

勤めて稼げばいいのか？　独立して稼げばいいのか？　どの業種がいいのか？　まったく方向性が見えない状態でしたが、オレはラッキーでした。いや、不幸中の幸いか。

なぜかというと、吉本芸人の夢をあきらめるまでの間、とても貴重な体験、つまり、大阪に来て初めて働いた会社が**訪問販売という最高の仕事で、営業スタイルを身につけていたから**です。

「なぜ営業が良いのか?」には根拠があって、求人雑誌の高収入の仕事のほとんどが営業ではないでしょうか? そうです。営業はお金を生む仕事なので、会社にとって販売能力のある人間なら何人いてもいいからです。「会社の中で営業が一番重要なポジションなんや!」と、その頃のオレは思っていました。

でも実際は、営業だけじゃ会社って成り立たないことも勉強しました。

フランスベッドやリッカーミシンなどの訪問販売で、もの凄い成績を残した伊藤光雄さんという営業マンは、一カ月に三〇台も売るほどだったそうです。普通のトップセールスマンが一カ月に一〇台売るのがやっとということを考えると、とんでもなく凄いことです。

伊藤さんは独立して訪問販売を始め、相変わらず売りまくったそうですが、あまりに売りすぎて集金が追いつかなくなり、大幅な黒字なのに倒産してしまうという、とても悲しい経験をされたようです。

なので、「会社は、いろいろなポジションがあって成り立つんだな」としみじみ思いながらも、このときのオレは稼ぐことしか頭になかったので、給料を一番稼げそうな営業の仕事をしようと決めていました。

しかも、絵画の訪問販売では仕入から販売、顧客管理まで、すべての経営ノウハウを勉強させてもらっていたので、独立ということも考えられなくもありませんでした。

浄水器の訪問販売のときには営業以外のことはまったく教わらず、「ただ営業を頑張っていればいい」ということでしたので、普段三〇万円で販売していた浄水器の仕入原価を知ることはありませんでした。

その頃のオレは、浄水器の仕入原価は、「売値三〇万円のうち十三万円ぐらいかな？」と漠然と思っていたのですが、絵画の会社に入って実際にいろいろ聞いていると、商品の仕入原価にビックリ。ほとんどの商品が販売価格の一〜二割ほどだったからです。

いかに訪問販売会社がボッタクリなのかが、よく分かってしまう説明で関係業界の方には申し訳ないのですが、ただすべての訪問販売業者の仕入原価が一〜二割という訳ではありません。まっとうに販売されている業者の方々に誤解のないよう付け加えておきます。

そして、オレは「とにかく営業ならできる。これは独立するしかない！」と決めました。

「営業力を生かして独立するなら、訪問販売しかない！」と思いつくまではよかったのですが、そうなると問題が発生してしまいます。ショッピングローンで商品を販売するには、信販会社と契約しなければいけないからです。

コネクションがまったくない状態で信販会社と契約するには、最低でも法人を持っていることが条件！　しかも、過去三年分の決算書を用意するだけでなく、代表者の資産状況や信用などもクリアしなければならず、解決しなければならない問題が山ほどありました。貧乏真っ只中のオレにはコネクションはもちろん、法人も、お金も、信用もなく、これでは信販会社と契約できるはずがありません。

そこで、独立する目標は、いったん、お預けにすることにして、まずは法人を作る、つまり会社を作ることが先決だと思い、とにかくお金を貯めることにしました。

株式会社の最低資本金は、その当時で一〇〇〇万円。今まで一〇〇万円すら貯めたことのないオレが……、給料も二五万円以上もらったことのないオレが……、それはとてもとても現実味のない目標でした。

お金を貯めることが目標なのはいいことなのですが、そんなことより、まずは現状の貧乏から脱出することが先決です。とにかく稼げる仕事。「稼げる仕事をしなければ、お金を貯めることなんて絶対無理や！」「もう給料二〇万円ではどうにもならんのや！」とミナミの帝王、萬田ハンのように自分に言い聞かせ、稼げる仕事を探すことにしました。
そんなとき、教材の販売会社に転職した福井さんから、「今の会社は歩合がかなりいい」と聞き、すぐに紹介してもらって、教材販売会社で営業として働くことになりました。

コネクション、つまり、人と人とのつながりは、何よりも大切だと思い知らされました。

絶対にお金を貯めて目標を達成してやる！

吉本芸人の夢をあきらめたオレは強かったです。**その悔しさをバネに新しい目標に全力で取り組める**からです。もう授業に行く必要もなければ、ネタを考えるために時間も取られなくて済む。すべての時間を仕事に注ぐようになりました。

気合いの入りまくったオレは、入社早々、トップクラスの成績をあげ、一カ月目にして手取りは五〇万円を超えました。さすがに全力で仕事に取り組んだだけあって、二カ月目以降も五〇万円以上の給料をもらい、あっという間に貯金は一〇〇万円を突破（私生活での贅沢は、まったくなしでしたが……）。

しかし、今まで「貧乏街道まっしぐら」で生きてきたオレが、一〇〇万円もの大金を手にしたらどうなるでしょう？　誘惑君がやってきます。

なんとオレは、日頃、溜まっていたストレスや物欲が一気に爆発して、せっかく貯めた一〇〇万円を一週間で使い切ってしまいました。見事に使い切って気持ちはスッキリ、物

欲も多少は満たされましたが、冷静になると残ったものは、

「むなしさ」

だけでした。

吉本芸人の夢をあきらめてからは新しい目標に向かって頑張っていたのに、一瞬の誘惑に負けてしまい振り出しに戻ってしまったのです。お金は使ってみなければ、その大切さは分からないと言いますが、ほんとうにそのとおりでした。

せっかく必死の思いで貯めた一〇〇万円は、一瞬でなくなり、もうそうなると、次はなかなか貯まりません。

「お金があっても、決して使わない固い決意と根性」

そして、オレはこのことをしっかり自分に叩き込むことにしたのです。

転職して四カ月が過ぎた頃、オレはこの教材販売会社を辞めようと考えていました。

成績は悪くなく、上司には何度も引き止められていたのですが、どうもオレは、この教

材販売があまり好きではなかったのかもしれません。給料は一度も五〇万円を切ったことがなかったのですが、この会社を辞めたとき、手元には一円も残っていませんでした。

この会社を辞めたもうひとつの理由は、「不動産仲介の営業マンをしてみたい」という気持ちが強かったからです。

オレが大阪に初めて出てきたときに部屋を紹介してもらった**ジュワジュワ営業マン**のことが、頭からずっと離れず、「楽しそうな仕事だな」と思い続けていました。

そんなとき、オレは福井さんに浮気をされてしまったのです。確かに、目標を立てても誘惑に負け、浪費家で甲斐性なしのオレだったので、浮気されても仕方ない状況だったのかもしれません。

このことをきっかけに、さらに自分を見つめ直しました。とはいっても、浮気されたことには腹が立ちますし、「絶対に見返してやる!」という気持ちは強くなる一方です。

その後、福井さんとは別れたり付き合ったりする、いわゆる「よく分からない状態」が続きました。しかし、オレは裏切られたという気持ちが日に日に大きくなり、徐々に福井さんのことが信用できなくなってしまいました。あれだけ熱かった気持ちがすっかり冷め切って、結局、別れることになり、オレの大恋愛は完全に終わったのです。

ここでさらに吹っ切れて、「絶対にお金を貯めて目標を達成してやる！」という気持ちが今まで以上に強くなり、気合いを入れ直して不動産業界に進出することにしました。

「貯金ゼロ」「コネクションゼロ」「甲斐性ゼロ」で、「先行き不透明度満点」の二一歳のオレの奮闘記が、ここから始まります。

まったく経験のない不動産業界で、オレは衝撃を受けました。

挫折してへこむヒマなんてない。
パワーに変えるのが一番だ！

第6章

貯金1000万円という目標

Are you happy?

入社直後から営業に出してくれた不動産屋さん

目標達成に向けて、「株式会社の作り方」という本をいろいろ読みあさりましたが、どうやら株式会社を設立するのに必要な資本金は一〇〇〇万円（今は一円から設立できますが）。有限会社でも「最低資本金は三〇〇万円か……」とハードルの高さを再確認。

「訪問販売の会社を作って信販会社と契約をするには、それしか道がない」とまったく根拠のない目標が頭の中を漂っていました。

確かに金融機関や身内、友人からお金を借りて、会社を設立するという方法もあります。ただ、そんなことをしてまで会社を作っても、成功する自信がオレにはありませんでした。

給料だって最高で七〇万円ほどしかもらったことがなかったですし、これまでに一〇〇万円しか貯めたことがなかったからです。そのお金も一週間で使ってしまう浪費家ぶり。そんなオレなら、返済のプレッシャーだけで押しつぶされてしまいそうです。

そもそも、人にお金を借りるという行為自体があまり好きではありませんでした。いまだにローンを組んだことはないですし、クレジットカードの返済も翌月一括が基本です。

借金をすることが好きか嫌いかは別にして、要は「自分の力で一〇〇〇万円貯めることができた」という事実が、「何よりも、自分への自信になる」と考えていました。

何の実績もない不動産業界で、「ほんとうに稼ぐことができるのか？」という不安が大きかったのは確かですが、それ以上に、学歴や年齢、性別や経験に関係なく、成績を伸ばせばその分、歩合がもらえるという点が、オレの目には何よりも魅力に映りました。しかも、その歩合がほかの業種の営業と比べて抜群にいい！

そこで、関西では一番歩合がいいと言われていた不動産仲介では大手の会社に狙いを定めて、入社にこぎ着けました。

オレは、訪問販売での営業経験はありましたが、不動産の分野ではまったくのド素人。とにかく腰を低くして、勉強や雑用を早く終わらせて、一刻も早く営業に出してもらうことばかり考えていました。それまでは研修期間になってしまい、給料が固定の十八万円しかもらえないからです。

配属された店は、「変わり者の集まりや」とまわりから言われていたようで、オレがこの店を希望したときに、常務から「この店での人間関係は、入社したばかりやったらキツイかもなぁ」と言われたのですが、繁華街の店じゃないと、お客さんの数が少なくて稼げそうにないと思い、人間関係がややこしくても問題ないと考えていました。

評判どおり、店の人は付き合いづらい人ばかりで、人間関係を保つのには一苦労。そんな環境でも、とにかくオレは早く営業に出て稼ぎたかったので、「一カ月間勉強と雑用を頑張ったら営業に出てもいいよ」と言っていた店長の言葉を信じ、とにかく言われたことはひたすら真面目にすべてこなし、苦痛にも耐えていました。

ようやく一カ月が経過。

「今日からは営業ですね。何をやったらいいですか?」

オレは待ちに待った営業に出られると思い、早速、店長に張り切って聞きました。

「ん~、もう一カ月雑用やっといて!」

適当にあしらうような口振りを聞いた瞬間、ブチブチと頭の中で何かが切れた気がしました。

「あ～そうですか。じゃあ、今すぐ辞めますんで手続きしてくれますか」

社員全員がいる前でキッパリ。出社早々の九時過ぎだったと思いますが、すぐに帰ってしまいました。

その場にいた誰もが唖然としていましたが、約束も守れないような上司の下で顔色をうかがいながら働く気にはなれませんでしたし、のんびり十八万円の給料をもらって過ごしている暇もないと考えていたからです。

さて、啖呵《たんか》をきって辞めたのはいいのですが、またしても無職に逆戻り。当然、次の勤め先は決まっていなかったので、帰り道にいろいろ考えていました。

一方的にまくし立てたことに多少は後悔しながら、オレはふと、以前、部屋探しをしていたときに担当してくれたお兄さんに連絡してみようと思いつきました。

そのお兄さんは平川さん（仮名）といって、アットホームで面倒見がよさそうな人。もしかして、あの人なら相談に乗ってくれるかもしれないと、早速、その不動産屋さんに電話してみることにしました。

「平川さんですか？　以前に部屋を紹介してもらった村上といいますけど、覚えてはります?」と自信なさげに電話してみました。

「お～、村上君か。久しぶりやなあ、どないしたん?」

懐かしそうに接してくれると、オレもしゃべりやすくなります。

「実はこうこういう理由があって、ついさっき、あの不動産屋辞めてきたんですよ」

「おお、不動産やってたんかいな。ウチもちょうど人を募集してるんやけど、よかったらウチで働いてみんかー?」

タイミングがいいというのか、ほんとうにふと思いついて電話してみただけなのに、まさか求人募集をしていたとはビックリです。そしてこの不動産屋、ケイジハウジング（仮名）の社長に面接してもらうことになり、無事に採用。オレはまたひとつ、良い人間関係、いい会社に出会うことになります。

ケイジハウジングの社長はとても付き合いやすい人で、この会社は本業というより、ほとんど趣味のような感じで経営していたらしいのです。辞めたばかりの大手チェーン店と歩合給にほとんど差がなかったことも、ラッキーでした。しかも、以前の会社とは天と地ほどの開きのある、とても良い人間関係で働きやすい会社だったのです。

しかも、なんと！　この会社では入社一カ月目から営業に出してくれるというのです（辞めたばかりの会社とあまりにも違いすぎる好待遇に感動！）。オレには訪問販売で培った営業ノウハウがあったので、営業にはかなりの自信がありました。何といってもオレは訪販最強だと思っていましたから……。

会社はひとつじゃない。自分に合った会社で働くべし！

「訪販最強伝説」崩壊！　初任給一〇万円の危機

ケイジハウジングに入社した頃、浄水器販売の会社で一緒に働いていた荒井君（仮名）がその会社を辞めて、外資系の大手レコード会社の面接を受けに行ったことを知りました。しかし、採用予定はたったの一人。それなのに、面接を受けに来たのは何と三〇〇人！倍率は三〇〇倍です。

荒井君は「受かったらラッキー」という軽い気持ちで受験したそうですが、その彼が三〇〇人の中から選ばれたのです。

びっくりした荒井君は入社してから、面接してくれた上司に採用の理由を聞いたそうです。

「何で、あの人数の中から私が選ばれたのですか？」

「あ〜、君は訪販やってたでしょ？　訪販やってると何でもできるからね〜、助かるわ」

この話を荒井君から聞いたとき、オレは**「訪販最強！」**と根拠のない自信が湧き、ケイジハウジングでも、最初の月から最低でも給料は五〇万円以上取れると確信しました。
そして、いざ営業に出て一カ月が過ぎたオレの成績はとんでもないことになります。
最低でも五〇万円以上取れると確信していた初任給がなんと、

「たったの一〇万円」。

給料の締め日から働いたので中途半端な給料でなく、一カ月みっちり働いてです。そのときのオレの家賃が一カ月六万円でしたので、これと光熱費一万円を差し引いて手元に残ったお金は三万円でした。

――死むううううう……――

瀕死の状態のオレでしたが、これにはちゃんとした訳がありました。
ケイジハウジングでは、基本給が一カ月二〇万円。ところが、営業ノルマがあり、一カ月の売り上げが六〇万円以上ないとノルマ未達成になり、基本給から一〇万円が差し引かれてしまうのです。つまり、このときのオレは営業ノルマを達成できなかったために、この給料になったわけです。

あれだけ自信のあった「訪販最強伝説」が、いとも簡単に崩壊。惨敗に終わってしまったのです。

しかし、オレは落ち込みませんでした。なぜなら、それは自分の営業方法が間違っていただけで、それを改善すれば、成績は上がっていくと思ったからです。

とにかく、この間違っていた営業ポイントを早く直さなければいけないと、先輩の営業スタイルを必死に観察したり、お客さんのニーズを徹底的に研究したりしました。

惨敗からの巻き返しで、過去最高給料ゲット！

二カ月目のオレの営業スタイルは、訪問販売から不動産仲介モードに完全にシフトしていました。そして、一カ月目の給料一〇万円という屈辱的な状態（？）から、二カ月目は手取りで九〇万円を超えていました。

当然、これまででもダントツ、過去最高給料です！

このときオレは、不動産業界に目をつけたことに間違いがなかったことを確信しました。それともうひとつ、この不動産仲介業に入ってから気づいたことがありました。それは商売の基本と楽しさでした。

それまでは訪問販売一筋だったので、お客さんから「買いたい、欲しい、こんなもの探しているのですが」と言われた経験がなく、すべてこちらから売り込んでばかり。しかし、この業界は違いました。

お客さんから「こういった物件を探しているのですが……」と聞かれて、それに近いものを探して紹介する。すると、**お客さんは喜んでお金を出してくれますし、会社も儲かる。そして、営業マンも潤い、消費者と企業と歩合営業マンの間で、最高の関係が築ける**からです。

オレはこのトリプルウインの関係に「商売って面白いなぁ」と、不動産仲介業の魅力にハマりそうになっていました。が、オレの当初の目標は株式会社を作るために一〇〇〇万円貯めること。とにかく、この目標が変わることはありませんでしたので、ひたすら営業を頑張るのみでした。

ただ、不動産仲介の場合は、営業を頑張るだけではいけません。集客が何より大事なのです。どんなにできる営業マンでも、お客さんがいなければ、物件を紹介することができません。そのため、オレはひたすら集客に力を入れました。その結果は給料に反映されて、今までもらったことのない給料を毎月もらえるようになったのです。

しかし、一〇〇万円貯めても一週間で使い切るという「偉業」を成し遂げていたので、たくさん給料をもらっても、「絶対に無駄遣いはしない！」と常に自分に言い聞かせていました。とはいうものの、会社の人間関係が良かったので、みんなで居酒屋に行ってストレス発散はよくしていましたけどね。

不動産の仕事を通して、「商売の楽しさ」を初めて教えてもらいました。

ノッているときには、運さえも味方になってくれる

貯金は徐々に増え、一〇〇万円を超えてからはお金を貯めること自体に快感を覚えるようになりました。給料は住友銀行に振り込まれるので、生活費だけを残して、あとのお金は三和銀行に移していました。浪費してしまいそうだったからです。

それでもオレは、油断せずに働きまくりました。理由は、一日休むとお客さんに接する日が一日減ってしまうからです。

「会えるお客さんが減る＝売り上げが減る＝歩合が減って給料が減る」という図式になりますから、とにかくケイジハウジングでは働きまくりました。

「何が何でも休まない！」

やったことは、それだけです。

友達と朝の六時まで飲んでも、八時に起きて会社に行っていました。さすがに、店が閉

まるお盆と正月は働けませんでしたが、入社以来、強制休暇以外に休んだのはごくわずか。一年で、お盆と正月を入れても二週間ぐらいしか休まなかったはずです。

このときのオレは、それだけお金に執着していたのかもしれません。しかも、不動産仲介の仕事が楽しいだけでなく、訪問販売の売り込み営業に比べれば、楽に感じていたこともあって、それだけ働けたのだと思います。

ケイジハウジングの思い出が強すぎて、いまだに仕事内容と給料が不釣合いな業種ナンバーワンが不動産業界だと思っています（環境が良すぎたか?）。

お客さんに会いたいという一心で働いたおかげで、貯金はどんどん増えていきました。ただ、使う時間がなかったということもあるかもしれませんが、三〇〇万円……、四〇〇万円……と増えていく中、ノッている自分には、運さえも味方になってくれました。

それは忘れもしない競馬の話。ある日、物件を確認するために難波方面に行く予定がありましたが、その日はＪＲＡのＧⅠ競走「安田記念」の日でもありました。

オレは普段、競馬はしないほうでしたが（何回かはしたことがありましたよ）、その日はほんとうになんとなく買ってみようと思ったのです。

新聞も見ずに、レース番号も馬の番号も、完全に思いつくものだけで、九レースと十一レースを一万円分だけ、いくつかに分けて買ってみました。

オレは馬券を買ったことも忘れて、仕事に夢中になっていたのですが、仕事が落ち着いた夕方ごろに結果を見てみると、なんと！　二レースとも万馬券が当たっていたのです。メーンの安田記念を買うのは分かりますが、なぜ九レースを買ったのかは、いまだに理由は分かりません。結果が万馬券だったことは、もっと信じられません。

オレは火曜日に（翌日は払い戻しがお休みなので）すぐさま換金しに行き、そのお金も全額、三和銀行に入金しました。

二三歳、入社一年目で年収一四〇〇万円

不動産業界にも、お客さんが来ないとても暇な時期があります。それは夏から秋にかけてです。

このとき、オレの貯金は五〇〇万円ほどになり、何とか目標の半分には到達。

「さすがに一〇〇〇万円への道のりは遠い！」。

そんなことを思いながら、今まで一〇〇万円しか貯めたことのないオレが、半年間で五〇〇万円も貯めたこと自体、自分をほめてあげたい気持ちになりました。

そして、不動産仲介業にとっても、オレにとっても、いよいよ稼ぎどきがやってきました。秋から冬にかけての時期がかきいれどきだからです。案の定、オレは一〇月からの三カ月で貯金をさらに二五〇万円も増やすことができました。

そして、今でも忘れない過去最高給料の月がやってきたのです。

それは一月のこと。月の給料が二〇〇万円を記録し、目標達成までもう一息です。

そして、二月には、

遂に貯金一〇〇〇万円を達成！

まさか、こんなに早く目標を達成できるとは自分でも思っていませんでした。気がついたら五〇〇万円、がむしゃらに頑張っていたら八〇〇万円。最後のラストスパートで一〇〇〇万円といった感じでしょうか。

とにかく、夢のような目標に向かって突っ走った一年でした。

なにしろ一年前は給料一〇万円、手持ち資金ゼロ円の二二歳でしたので、そこからの怒涛のラッシュは、今考えても良い環境と頑張れる自分がいたからだと思います。

結局、この年のオレの年収は一四〇〇万円ほどになりました。入社ホヤホヤの二二歳で年収一四〇〇万円もらえる仕事って、営業職以外ありえないと思っています。自分の可能性を試してみたい方は、歩合のいい営業にチャレンジしてみたら面白いかもしれませんね（ん？　証券ディーラーもあるか……）。

この一年、オレにとって何よりも大きかったのは、営業で成功して一年間で貯金を一〇〇〇万円貯めたという**「自信」**でした。これは、今でもオレの中で**「もの凄く大きな存在」**になっています。

二三歳になったオレは、その年の四月にケイジハウジングを辞めることにしました。もちろん、仕事の環境や内容から、仕事仲間にいたるまで申し分ない状況でしたが、営業マンも増えてきて、さすがに次の年も同じ年収を稼げる状況になかったからです。

もし、そのまま続けていたとしても、せいぜい年収五〇〇万円がいいところだったでしょう。オレは貯金一〇〇〇万円という目標を達成して、次の目標にシフトすることにしました。

当然、次の目標は年収五〇〇万円の安定した生活ではありません。

オレの頭の中には、「独立して成功」という文字がチラついていました。

自分で決めた大きな目標を達成できたときの自信は、何よりも強い武器になる!

第7章
達成感と心境の変化

Are you happy?

恐ろしい法律で、お先真っ暗！

訪問販売の会社を作ることを目的に頑張ってきたオレでしたが、「訪販会社にこだわる必要はないのではないか?」と気持ちが揺らぎ始めました。「オレにとって訪問販売が仕事のすべてだったけど、不動産仲介業で成功できた今となっては、こっちで独立してもいいんじゃないか?」と思うようになっていたからです。

気持ちが揺らいだもうひとつの理由は、訪販業者に対する世間の風当たりがかなりキツくなり、訪問販売法が厳しく改正されていたからです。

高額な商品を分割払いのショッピングローンでお客さんに買ってもらうのが、それまでの一般的な訪問販売でした。ただし、購入後八日以内なら、クーリングオフの制度を使って返品やキャンセルをすることができます。つまり、この期間を過ぎると、お客さんはローンを解約することができなくなる訳です。

ところが、新しい法律では訪販会社が販売する過程で、説明不足などほんの少しの落ち度があるだけでも、お客さんはいつでも好きなときに返品・キャンセルができるようになったのです。これはローンの返済中であるかないかは関係ないため、この業界にとって、法律改正はかなりショッキングな出来事でした。

当時の厳しい状況は、多くの友人や知人から生々しく伝わってきていました。

「ほんの少しの落ち度」というのが厳しくて、「私は訪問販売員で、この商品を販売しにきました。よかったら話を聞いてくれませんか？」という具合に、はっきりと訪問の目的をお客さんに伝えてから販売しないといけないのです。

これを街頭でよく見掛けるジュエリーのキャッチセールスにたとえると、「こんにちは。今、装飾品関係のデザイナーやってるんやけど、なかなかうまくいってなくて、参考になるアドバイスとかもらえる人を探してたんです……。ちょっとだけデザインの相談に乗ってもらえたら嬉しいねんけど……」などと、今までなら、一見デザイナーの悩み相談に乗ってほしい感じから始まるのです。

気の優しい人なら、「困っている人を助けてあげてもいいかな」と思ってしまい、そのまま喫茶店などで話し込んでしまいます。

そして、セールスは、「実は、この近くでオレのデザインした宝石を展示してるんやけど、見にきてくれない？」と言って、販売にもっていくのが当たり前でした。

ところが、新しい法律でキャッチセールスをする場合、胸に会社名・個人名の名札をつけ、「私は○○会社の○○です。今、宝石のキャッチセールスをしてるのですが、お話を聞いてもらえないでしょうか？」と話さなければいけません。

訪問販売を経験したことのある人なら、

「売れるかよっ！」

と激しくツッコんでしまいそうな勢いなのです。

ところが、この法律を無視して販売すると、業者はいつまでも返品・キャンセルを受けなければならないワケ。もう全身ガクガクブルブルしてしまいます。

なぜ、オレがこの法律をそこまで恐ろしいと大げさに言うかというと、ショッピングローンで商品を販売するということは、「お客さん」「訪問販売会社」「信販会社」の三者間の契約だからです。

この契約をもう少し詳しく説明するとこんな感じ……。

訪問販売会社がお客さんに商品を渡すと、お客さんはその代金として毎月決まった金額を完済するまで信販会社に払い続けることになります。一方の信販会社は、商品を販売した時点で訪問販売会社に代金を一括して立て替え払いしてくれます。訪問販売会社にとって、この仕組みはありがたいことですし、オレは凄いと思っていました。

これだけ聞くと、お客さんから代金を取り立てられないリスクを背負うのは信販会社に見えますが、実はそれほど甘くなかったのです。というのも、訪問販売会社が信販会社のショッピングローン加盟店になるときには、「万が一、お客さんがキャンセルしたときには、信販会社が立て替えて払った代金を訪問販売会社は一括して返済する」という契約を結んでいるからです。

新しい法律になるまでは、クーリングオフの期間が八日間でしたから、それが過ぎればキャンセルすることはできません。つまり、信販会社に代金を返さなければならないリスクはたったの八日間だけだった訳です。

しかし、新しい法律では、販売会社に落ち度があると、クーリングオフの期間が過ぎても支払わないといけなくなります。つまり、その訪問販売を続けている限り、間違った売り方（少しでも法律に違反）をしていたときには、何年経ってもキャンセルが可能で、販売会社としても返金の義務を負い続けるという、とっても恐ろしい法律なのです。

目標達成の自信から気持ちはユルユルに

ちょうどこの頃、某大手着物販売会社が倒産してしまいました。

「ショッピングローンを使って着物をかなり強引に販売していたこの会社は、法律の改正がきっかけでキャンセルが相次ぎ、資金繰りが悪化。ついには、信販会社に返済できなくなって潰れたんだろうなぁ」とオレは思っていました。

法律改正の影響で業界のムードは日に日に悪くなってきていましたし、訪問販売やマルチ商法のようなビジネスが、世間からどんどん締め出されるようになったことを痛いほど肌で感じていたため、オレは訪問販売業自体に疑問を感じるようになってきていました。

しかも、自分にとって大きな目標を達成した直後だったこともあって、がむしゃらに目標へ突き進むという以前のような気持ちは薄れ、物事をのんびり考えるようになっていました。もちろん、すでに油断していることなど、そのときは気づくはずもありません。

オレはケイジハウジングを辞めると、友達といろいろなビジネスを考えながら実行していました。

ビジネスといっても思いつきで始めることが多かったので、爆発的な収入を得ることもなく、毎月の生活費を稼ぐのがやっとでした。

そんな中、いつからかオレは、「ビジネスチャンスは東京にある」と思い込むようになっていました（完全な妄想）。

しかも、思い込むと止まらなくなる厄介な性格。早速、住んでいたマンションを引き払う準備に取りかかり、乗っていたクルマも、家財も、不要なものはすべてネットオークションで売りました。

幸か不幸か、そのときに付き合っていた彼女の友人が東京に家族と住んでいるとのことだったので、家が決まるまで居候させてもらうことになりました。

そして、二三歳のオレは、「またまた甘いチャンスがあるのではないかな？」とありもしない妄想にとりつかれて大阪を離れました。

**思いついたら即行動！
後のことは、行動しながら
考えることにしています。**

沈滞しきったプータロー生活

「東京にビジネスチャンスがある！」という妄想だけで上京したオレは、居候先の目黒区にスタコラサッサと向かうことに……。

紹介してもらった友人夫妻とその子供はとても優しく迎えてくれて、東京のことを何も知らないオレにいろいろなことを教えてくれました。ほんとうに人のつながりには心から感謝感謝です。

興味津々丸のオレは、早速、目黒は武蔵小山周辺の探検に出かけることにしました。それにしても、大阪を離れるときに家の荷物をすべて処分してきたので、「旅行バッグひとつでの新生活の不便さは夜逃げして生活する人の状況と似ているなぁ」と感じましたねぇ。

このときのオレは、東京に行けば新しい何かを発見できると自己暗示をかけてしまった中身のない脳みそスカスカ人間だったんです。

しかも、誰かに雇われて仕事をする気になれなかったですし、新しい人に出会うというオレが一番大切にしていたことすら忘れてしまっていました。

その証拠に、東京の数少ない知り合いとクラブに行っては酒を飲んだり、音楽を聴いたりして、ただただ時間ばかりを浪費してしまっていたのです。しかも、いつしか東京に来た当初の目標の「ビジネスチャンスを見つける!」という気持ちが薄れるどころか、探す努力すらしていませんでした。

ある日、絵画販売の会社で働いていたときの先輩と電話で話をしていたときのことです。

「何か面白いことないですかぁ?」

「ミリオンゴッドっていう面白いパチスロあるで」

暇を持てあましていたオレは、この他愛ない会話をきっかけに、パチスロで時間をつぶすようになったのです。

ここから、東京でのだらしない生活がエスカレートしていきます。

当初の目標をほったらかしにして、仕事にもつかず、パチンコ店通い。特に勝つこともなく、「とりあえず、生活できたらいっか」という、オレが一番したくなかった最低の生活を送ることになってしまったのです。

当然、友人の家にずっと居候する訳にもいかず部屋探しをしていたのですが、「とにかく東京は家賃がめちゃくちゃ高い！」。大阪に比べて相場は一・四倍。元不動産仲介の営業マンだったオレでさえ、掘り出し物を見つけるのは至難の業です。

最初は、高級住宅街の多い東横線沿線で探していたのですが、さすがに人気路線ということもあって、相場は一段高。オレは何軒かの不動産屋をまわり、渋谷・新宿へすぐに行けそうな場所を探していました。

が、結局、自分の条件に合う物件は見つかりませんでした。これ以上まわっても時間がもったいないと思い、「よし！　この際、不動産屋に頼らないで自分で探そう」と行動に移すことにしました。

一人二役をこなす必死の演技

不動産仲介業経験者からすれば、自分で物件を探すのは御手の物！

住宅情報誌には管理会社の名前と電話番号が載っていますので、そこに電話をかけて「○○ハウジングですが（適当な社名）、御社の管理物件の資料をファックスいただけないでしょうか？」と言って、こちらのファックス番号を伝えると、物件の資料がどんどん送られてきます**（問題になるといけないので、マネしないでね）**。

このときのオレは、友達のファックスを使わせてもらって、バンバン物件の資料をもらっていました。

そして、その中から自分の条件に合いそうな物件をピックアップしますが、この作業にはちょっとしたコツというか、経験が必要なのです。というのも、図面と家賃だけで、その物件がどんな感じなのかをイメージできなければ、実際に見に行って無駄足を踏むことになるからです。そのときのオレは一〇〇件以上ある物件の中から三件に絞り込みました。

次に物件の下見。このときは部屋のカギが必要になります。管理会社によってカギの所在はさまざまなので、業者にカギの所在を確認してから自分で住所を調べて見に行きます。

そして三件の中から気に入ったのが、東京タワーの近くにある浜松町の物件でした。東横線沿線の物件には未練がありましたが、あきらめてここに決めることにしました。

モチロン、通常の流れどおり管理会社へ契約をしに行けば話はそれまでなのですが、ここは節約家のオレ。

「できるだけ出費は抑えたい！」

契約手数料を浮かせてしまおうと考えたのです。

まず、手数料ナシで契約するためには、不動産免許を持っていることが条件です。自分の不動産免許を使って契約すれば手数料はかからないのですが、プータローのオレには、そんな大それた免許などあるハズがありません。ここで普通なら計画をあきらめるところですが、オレはある作戦に出ることにしました。

物件の管理会社に個人としてではなく、「大阪の不動産業者」という設定で問い合わせをします（これはオレがなりきって電話をかけています）。

そして、「大阪のお客さんが、東京の物件を探していて、御社の管理物件を気に入っているんですよ。お客さんは部屋は見に行かなくていいと言っています。当社は大阪なので、そちらに行くことができません。お客さんをそちらに向かわせますから、そちらで契約のほうをしてもらっていいですか？」と言います。

不動産業者のフリはしていますが、不動産免許などないので、オレはそうするしか契約する方法がない訳ですね。

そして、「仲介手数料はこちらでもらっておきますので、差し引いて決済お願いします」と付け加えておけば、実質手数料なしで契約ができてしまうという裏技です。ややこしい方法を使えばもっと安くできるのですが、これは地域によってシステムが違うので、そのときはやめておきました。

オレは五反田にある管理会社のビルの下に到着すると、今度は大阪の不動産業者のフリをして電話をかけておきます。

「先ほどお話ししたお客さんが御社に着いたようです。今から上がっていくと思いますので、契約のほうお願いします」

そして、お客さんとしてのオレは管理会社に入ると、

「大阪の業者さんから、ここに来るように言われたのですが……」

「はい、はい、聞いてますよ。では契約のほうを進めましょうか……」

オレが一人二役を演じていることに気づくはずもなく、契約は無事完了!

しかし、ついさっきビルの下で大阪の業者のフリをして、すぐ後にお客さんとして契約の話をするので、声があまりにも似ていてバレはしないかと、必死で変な声で会話していたのが、今思い出してもこっぱずかしー。しかし、当時は自分で決めた物件に手数料なしで入居できるので、ノリノリで演技していました。

ちなみに、この方法は通用する業者と通用しない業者がありますし、業界経験のない人がやっても駄目ですから、絶対に真似しないでくださいね。

余談ですが、不動産仲介の仕事を経験してからは全部自分で家を探して、とてもお得な値段で契約してきましたので、「不動産営業の経験は、仕事を辞めてからでも役に立つなぁ」とつくづく思いました。

家を借りることができたオレは心機一転、新生活を楽しむことになりました。東京の生活にも順調に慣れてきていたのですが、相変わらずの無収入状態！　ビジネスチャンスを見つけるまでは生活費が必要なので、パチンコ・パチスロ関係の仕事でしのぐことに。

仕事の内容は、事情があって詳しく書けないのが非常に残念ですが、収入面ではまったく問題なかったこともあって、オレは相変わらず、毎日をダラダラと過ごしていました。

ところが、東京に来て四、五カ月経った頃、人生のターニングポイントとも言えるときがやってきました。この仕事の関係で「ある大事件」が起きてしまったのです。

そして、上層部の人たちが激しく対立し、オレもその騒動に巻き込まれてしまいました。

金が絡んだときの人の見苦しさを目のあたりにしただけでなく、他人を安易に信用してはいけないということを思い知らされ、オレは精神的に完全にやられてしまったのです。

家を借りるために一人二役を必死に演じたのも水の泡です。

このときオレは、ある女性のことを考えるようになっていました。

人生、うまくいかないときは、何をやっても裏目に出る！多くは油断からくるんですけどね。

第8章

人生急転回！

Are you happy?

追い込まれたオレを救ってくれた人

「このまま東京にいても、自分のためにならない」

オレは沈みきった気持ちを何とか明るい方向に切り替えようといろいろと考えましたが、その糸口すら見いだすことができませんでした。

ところが、どうしようもない状態に追い込まれていたオレを救ってくれたのが、訪問販売の仕事を辞めた頃からお付き合いしていた〝彼女〟なのです。仕事を転々としたり、思いつきで東京に飛び出していったりしたにもかかわらず、そんなオレをいつも支え続けてくれていました。

あの事件をきっかけに、これまでの自分の行動を冷静に考えてみると、オレを支えてくれている人を大切にできていなかったことに気づき、オレは彼女と**「結婚しよう」**と心に決めて、大阪に帰ることにしました。何ひとつ達成できないまま、半年という短い東京ライフに幕が下りたのです。

でもオレは、東京での生活が無駄だったとは思っていません。

一度やりたいと思ったら、やってみないと気がすまない性格ということもありますが、それ以上に「東京に行ってビジネスチャンスを見つける！」と思っていても、それを実行しなければ、ずっと甘ったれた考えを持ち続けていたはずだからです。

そして、自分を支えてくれている人のありがたさと、その人を大切にしなければいけないということに気づかされたことが、何よりも一番大きかったかもしれませんね。

とはいうものの、何でも思いついたら行動し、その結果がどうであれ、そこから次の一手を考えればいいと思っています（何とも適当な性格ですね～）。


自分を支えてくれている人、大切に思ってくれている人を心から大事にしたい！

「打倒、三菱商事（笑）」設立

一〇〇〇万円を貯めたところで気がゆるみ、東京では思い出したくないほどの苦い経験をしましたが、「明るく楽しく過ごさなければ、人生意味がない」と思い、パシッと気持ちを切り替えることにしました。

大阪に帰って一番にやろうと決めていたことが、「結婚！？」。いやいや、しばらくしてからちゃんと結婚はしたのですが、オレは自分の暴走と妄想を止めることはできません。

東京では何も見つけられなかった、というよりは見つける努力すらしなかった悔しさをバネにして、「自分の会社を作ってスタートラインに立つ」ことをグチャグチャ言わずに実行しようと決意。

「え！？　これから結婚しようとしているのに、会社経営なんて大丈夫なの―？」「安定は？」「計画は？」と思われるかもしれません。

しかし、オレの考えは、

「か・ん・が・え・た・ら・ま・け！」。

とはいうものの、会社を作って訪問販売の仕事をしたくても、信販会社と契約するコネがないどころか、仕入先さえ知らない状態ですし、不動産仲介業をするにも、宅建の資格も持っていません。

「考えているだけでは何も進まない。四の五の言わずに会社を作ってみる！　そしたら勝手に道が開けてくる！」と、またしても計画性のない〝独りよがり虫〟が騒ぎ出します（勝手に道が開ける訳がないことは、薄々感づいていたんですけどね……）。

そこで、「有限会社の作り方」と「株式会社の作り方」の本を買って、あらためて真剣に勉強してみることにしました（この手の本はかれこれ一〇冊以上は買っていたのに、何にも分かっていなかった自分が恥ずかしい）。

隅から隅まで読んでみると、有限会社なら資本金は三〇〇万円で済むし、税制の面では設立二年間に限れば、株式会社より明らかに有利だということが分かり、法人格は有限会社にすることにしました。まずは、会社を設立するための書類の準備に取りかかります。

書類の中には、会社の業務内容を書く定款というものがあります。

普通であれば、「訪問販売業」と「不動産仲介業」を書いておけばいいものを、オレはすごく欲張りなので、「何かあったときに、何でもできる会社にしとかないとな」とアホみたいな発想で、ありとあらゆる事業内容を書き込むことにしました。

サービス業、販売業、運送業、海運業、金融業……、ありとあらゆる業種を書き終えて満足していたオレは、**「何でもできる商社みたいでカッコええやん〜。『打倒、三菱商事』やな!」**とまったく成長しないアホっぷり。

しかし、この定款が、後でややこしい出来事を招くことになるとは知るよしもなく、一人で舞い上がっていました。

その一方で、「うまくいくかどうかも分からないので、個人事業やモグリで始めて、うまくいったら法人化すればよかったかな」と考えつつも、「信販会社と契約したかったので仕方ないか」と気を取り直しました。

さて、そんな通称「打倒、三菱商事(笑)」の設立準備が整い、出資金払込保管証明書をもらうために、心斎橋のUFJ銀行へ。そして、法務局に書類を提出して二週間すると、待望の有限会社ができ上がりました（こんな簡単に作れるものなんやなぁ?:）。

これまで「会社を作ることだけ」を目標に頑張ってきたので、**いざ、会社ができても、何もすることがありません。**しかも、東京でダラダラ生活を送ってしまったために大きなブランクができてしまい、営業に対する自信もすっかりなくなっていました。

それでも、「最初に思いついた訪問販売業で成り上がってみるか」と考え直してみましたが、やっぱり信販会社との契約がネックになってきます。設立したばかりの会社では信販会社が契約してくれる訳がありませんから、訪問販売はいったん、保留にすることにしました。

次は不動産仲介業を考えてみましたが、この場合は宅建の資格を取って業者登録をしなければなりません。

不動産業者の免許を取得するには一〇〇〇万円を供託するか、不動産協会への入会が必須条件でした。供託するお金はありませんし、協会に入会するにしても初期費用が二〇〇万円以上必要で、毎月の会費も負担しなければなりません。

しかも、店舗を借りて営業しなければいけないので、創業費用がかさんでしまいます。

しかも、一〇〇パーセント勝てるかどうかも分からない状態で、用意したお金を全額ぶち込む気にもなれず、不動産仲介業も無理だと判断しました。

最後に出てきた答えは、

「ん～、オレにできることないな」。

張り切って会社を作ってみたものの、自分にはできることが何ひとつないことに気づき、「打倒、三菱商事（笑）」を休眠することにしました。冷静に考えてみると、普通にこの答えが出てきてもおかしくなかったのですが、「思いついたら即行動！」のオレは、やはり、実行してみないとダメなようでした（東京ライフからまったく成長してない！）。

ノースウエストという名の大韓航空

オレは作ったばかりの会社をいきなり休眠させて（これからは、イキナリ休眠君と呼んでください）、友人たちとビジネスを模索することにしました。

なぜ、作った会社で仕事をしないのかというと、「もし、儲けてしまったら、いっぱい税金を払わなくてはいけなくなるかもしれない……」と儲かるはずがないのに、アホなことばかり考えていたからです。

そして、またしても東京に行く前の「モグリビジネスライフ」が始まりました。

モグリビジネスライフを一緒にやっていたのは、ケイジハウジング時代に知り合った広部君（仮名）。彼とは新しいビジネスを考えたり、考えたビジネスを実行する日々を繰り返していました。二人はともにB型で、とにかく極度の飽き性で自己中心的な性格でした。

しかし、お互い発想力や実行力はありました（？）し、「思いついたら、すぐ行動する」ことがすごく楽しくて、ビジネスを考えては実行。失敗すると、次のことを考えて……ということを延々と繰り返し、オレたちは起業家というよりは、ビジネス評論家のようになっていました。

二人でいろいろやってみましたが、これといってうまくいかない状態が続き煮詰まっていると、ラッキーなことに浄水器を現金で買ってくれるお客さんが現れて、貧乏なオレたちに臨時収入の三〇万円が入ってきました（やっぱり、浄水器しか売れないんやなぁ）。
そのときオレが広部君にかけた言葉は……、

「ビジネスチャンスはアメリカにある！」。

――まったく懲りない男、イキナリ休眠君――

広部君には「ビジネスチャンスは東京にある！」と言って、大阪を飛び出したオレだったので、どんなリアクションが広部君から返ってくるのか……。

空気が張り詰めたように感じた次の瞬間、広部君は固く閉ざしていた口を開きました。

「えいちあいえす……」。

「ん？　えいちあいえす……？？？　エイチアイエス……、Ｈ・Ｉ・Ｓ……」

――旅行代理店の名前ではないか！――

「この三〇万円で、今からアメリカに行きますか……」

――今から！？　確かにビジネスチャンスはアメリカにあると言ったけど、今からすぐ行くのか？――

オレは一瞬、動揺しましたが、その十五分後にはH・I・Sのカウンターに二人で座っていました（事務所の五軒隣にH・I・Sがあったので、さらに話はスムーズでした）。

「どちらに行かれますか？」


「ハワイでお願いしますっ！」


オレたち二人は思いっきり観光地を選んでいました。

「今なら、たまたまですがノースウエスト航空でお安いチケットが二名様分お取りできますが、どういたしましょう？」

「アメリカの航空会社でこの値段は安いよ！」

「じゃあそれでお願いしま～す」

この話が始まって二時間もしないうちに、ハワイ行きのチケットを押さえていました（二人とも単純すぎ）。

そして搭乗日当日。

オレと広部君は、関西国際空港のロビーでチケットをもらうためにカウンターへ行くと何とびっくり。

そこには大韓航空のチケットが用意されていました。オレの聞き間違いだったのかと思い、広部君に確認してみると、確かにノースウエストと言っていたとのこと（う～んミステリアス）。

二人とも、細かいことをあまり気にしなかったので、そのままハワイへと飛び立ちました。「ビジネスチャンスはアメリカにある」と豪語していたオレたちは、ハワイに到着すると、

すぐにビーチで海水浴に……。

——どこがビジネスチャンスやねん——

すべてのチャンスを逃さないオレたちは、ハワイ観光を満喫。とはいっても、ビジネスチャンスを探しに来ていた手前、手ぶらで帰る訳にもいきません。当時、オネエの知り合いがハワイに住んでいたので連絡し、業務用スーパーのコストコへ連れて行ってもらうと、オレはロゲイン（毛生え薬）を買い込んで帰りました。

ところが、帰国したときには、ロゲインの副作用で人が死んでしまったニュースが流れ、ロゲインは売れずじまい。四年間押入れに入れっぱなしだったのを、ついこの前発見して捨てておきました（アホすぎるぜオレ）。

こんなダラダラした生活は変えよう！

ハワイから帰ったオレたちは、アメリカでもビジネスチャンスを見つけることができず（何回目やねん）、知り合いの不動産屋の人に免許を使わせてもらえるようにお願いして、「モグリ?:」で不動産仲介業をやらせてもらいました。しかし、モグリでは派手に営業できないので、収入は生活していくのがやっとです。

そんな日々が少し過ぎたある日、オレと広部君は、またまた思いつきのお試しで、輸入品をインターネットで販売してみることにしました。

最初は、おこづかい程度にしかなりませんでしたが、試行錯誤を繰り返していくうちに結構稼げるようになり、このビジネスに専念することに決めました。

ちょうどそのとき、オレの知り合いから、その人の仲のいい人が持っている雑居ビルの一部屋が空いたという情報をキャッチ。

オレも、この家主さんとは不動産屋時代からメチャメチャ仲が良かったので、早速、そこを借りるために家主さんに電話してみました（ちなみに、この物件は普通なら、家賃が七万五〇〇〇円、保証金が三五万円くらいします）。

「あ、中山さん（仮名）ですか？　あそこの事務所、今空いてますよね！　借りようと思うんですけど、明日からでも使っていいですか？」

「あら、村上さん借りてくれるの？　嬉しいわ。じゃあ、いつもお世話になってるから、今回は特別に保証金は二〇万円で、家賃は七万二〇〇〇円くらいでいいですよ」

「中山さん、保証金は無しで、家賃は六万八〇〇〇円くらいでいっときましょか〜」

オレたちはお金を極力使いたくなかったので、まったく会話が通じない子ちゃんになりすまして、わがままを通してしまいました。

しかも、保証人を立てずに、契約書も書かずに口約束だけで入居しました（中山さんはホントいい人やったなぁ〜、またまた感謝）。

オレたちは、さらに二人の友達を誘って四人でインターネットビジネスに力を注いでいきました。

しばらくすると、この仕事は各自が自宅で作業をすれば、事務所が必要ないだけでなく、家賃が浮くことに気づくと、オレたちは中山さんの厚意を無下《むげ》にして、事務所を引き払うことにしました。

ところが、このビジネスの雲行きが怪しくなってきて、毎日の生活費を稼ぐのがやっと。

こんな状態でくすぶっているのが凄くイヤになって、「こんなダラダラした生活は変えよう」と思い立ち、絵画販売の会社で幹部だった爪端さん（仮名）に電話してみることにしました。

「訪問販売で独立しようと思ってたんですけど、信販会社と契約できないんであきらめましたよ〜」

「村上が訪販やりたいんやったら、信販会社にコネのある人間紹介してやるぞ。商品も何でも揃ってるから、すぐに始められるで〜」

なんと！　思いも寄らない言葉が返ってきました。
信販会社にコネがないことで訪販会社を立ち上げるのをあきらめていたのに……。瓜端さんの一言で、ダラダラ人生が、またしても急転回することになります。

ふとしたキッカケで、新たな道が開けることがあるものですね！

第9章

訪販業界からついに撤退

Are you happy?

ヤフオクで会社を売るオトコ

信販会社と商品の卸に太い人脈がある人を爪端さんに紹介してもらえることになったオレは、待ち合わせ場所の梅田はヒルトンホテル一階のラウンジへ向かいました。

爪端さんは「高田純次がヤクザになったような感じ」の人だったので、「紹介してくれる人はどんな人なんやろう？」と緊張しながら、あたりをチラホラ探してみました。

高田純次（ヤ風）が見えたので、「爪端さん、遅くなってすみません……」と席に着くと、なんとビックリ！　目の前に座っているのは、どこから見ても好青年で、とても信販会社と商品の卸に太い人脈のある人とは思えませんでした。

ところが、株式会社の代表取締役の名刺をさらりと渡されると、悔しさがこみ上げてきます。上垣さん（仮名）というその社長は二九歳で、オレと四歳しか離れていないだけでなく、オレは名刺すら持っていなかったからです。

この日の本題は、オレの作った会社で信販会社と契約できるかどうかだったので、オレは早速、「打倒、三菱商事（笑）」の登記簿謄本を渡して、問題がないかを確認してもらいました。

当然、オレは何でもできる会社にしたつもりでしたから自信満々だったのですが、上垣さんは事業内容に問題があると指摘！　それは、金融業と風俗業（遊技場の経営を含む）のところでした。しかも、ありとあらゆる業種を書き込んでいたところも大きな問題だと言われて、二度ビックリ！

金融業をやっている会社が、「信販会社（金融会社）にクレジットを使わせてください」、つまり、「金貸しが金貸しにお金を貸してください」という点が矛盾しているそうなのです。ほかにもたくさんの業種を書きすぎていたので、「この会社は一体、何をしたい会社なの？　ものすごく怪しい会社に見える」とのことでした。

欲張っていろいろな業種を書いたために、「コイツ欲張りな奴やな。ていうか、何も分かってへんな……」と二人から思われていると思うと、とてもハズカシー気持ちになりました。が、オレはその場を取りつくろうために冷静を装って、「ですよね！」と言ってみたものの、ますます場の雰囲気が寒くなりました（カッコわるー）。なので、皆さんも会社を作るときは、怪しくないような業務内容に絞って書きましょうね。

その日は、胡散臭いだけの「打倒、三菱商事（笑）」を信販会社に紹介することは、とりあえず保留。名刺を持っていなかったオレの連絡先を上垣さんに渡して、もう一度、信販や商品のことについて話し合うことになりました。


しばらく経ってから、オレは上垣さんの事務所で「信販会社とどうやって契約するか？ 商品は何をどのくらいの卸値で取り扱いたいのか？」などの話をしました。

が、しかし！ 卸値やそのほかの中間マージンなどでなかなか折り合いがつかず、事務所に行ってはミーティングの日々が続きました。

ある日、上垣さんが「ある提案」を持ちかけてきました。

上垣さんは、「オレのようにコネがなく、訪問販売をしたくてもできないような人たちに、信販会社と商品を紹介する代わりに、信販会社から入ってくるお金の一部をキックバックとしてもらう」という商売をしていました（もちろん卸でも儲けています）。つまり、オレにも「この商売に乗れ」という提案なワケ。

このキックバックというのは、信販会社とお客さんが契約して一種の紹介料を取るという仕組みです。

たとえば、一〇〇万円の商品を五年ローンで購入したとして、お客さんが五年間で支払う商品代金と金利の合計金額が一三〇万円だとします。すると、信販会社は金利分の三〇万円が儲けになります。

つまり、お客さんを紹介してくれた会社に信販会社が紹介料として儲けの何割かをキックバックしようというシステムです。簡単に言うと、リベートみたいな感じですかね……。

これは金融業だけでなく、いろんな業界で行われている、ごく日常的なことですので違和感はないと思います。保険の代理店なんかを思い浮かべると分かりやすいですよね。保険料は全額が会社に入るので、その中から決まった金額が代理店にバックされるというシステムです。あとアフィリエイトとかも同じですかね？

そこで！　上垣さんがやっている会社の内容をそのままコピーした感じで、「信販会社からのキックバックで儲ける会社を、オレが新しく作ってその儲けを折半しよう」という話になりました。

これが実現すれば、「オレの会社は信販会社と契約できて、しかも他社が販売した分のキックバックも信販会社からもらえる」という二度おいしいプランでした（ムフフのフ）。単純なオレは、早速、この話に乗ることにして、休眠させている「打倒、三菱商事（笑）」を捨てることにしました。簡単に捨てるといってももったいないので、なんと！ ヤフオクに出品して、二五万円くらいで有限会社を売りました（ヤフーオークションの評価が一ポイント上がったぜ！）。

世の中、やっぱりゼニと人脈や～

そんな話はさておき、「打倒、三菱商事（笑）」では信販会社との契約が難しかったので、またまた新たに有限会社を作ることにしました。会社を一度、自分で作った経験があったので同じ作業をやるだけでした。が、またも、問題が発生です。

それは資本金三〇〇万円を確かに銀行に払い込んだという「出資金払込保管証明書」を

前回お願いしたＵＦＪ銀行に発行してもらう段階ででした。

前回の会社設立からあまり時間が経っていなかったせいもあってか、銀行の人はオレのことをかなり怪しんでいる様子。

そして最後には、**「当行ではアナタに証明書を出すことはできません」**とキッパリ！

さすがにカチンときたオレは、すぐにＵＦＪ銀行の口座を解約して、現金一〇〇〇万円を引き出しました。

「この金額が一〇億とかだったら、この担当の立場も悪くなるのに……」

ここでも、お金で悔しい思いをさせられました（マンモスくやピー）。

短気を出して口座を解約したのはいいのですが、ものすごく困ったオレは全財産の一〇〇〇万円が入った紙袋を右手に握り締め、ダメ元で三井住友銀行難波支店の法人部に行きました。

このときに出てきたのが、ものすごく腰が低くて、何でも言うことを聞いてくれそうな人だったので、急にやる気になってきました。

――もしかしたら、やり方次第で証明書を発行してくれるかもしれんぞ？――

そして、保管証明書の話になると、

「ん〜、今日は手持ちが一〇〇〇万しかありませんが、とりあえずこれ入金しときますわぁ」

あたかも、「あとで一億円ぐらいポーンと入れるよ！」みたいな勢いで、ハッタリをかましえます。

「あ、そうですか、保管証明書はすぐに発行できますよ」

担当の人は急にニコニコ笑顔で応じてくれて、この難関を何とかクリアすることができました（またまたカッコわる〜、オレ！）。

そして無事、会社を作ることに成功したのです。

次は、信販会社との契約。

設立したばかりの会社では、コネがない状態で契約にこぎ着けるのは不可能に近いのですが、このときは上垣さんがいましたので心強さは満点です。オレは上垣さんに信販会社の幹部の方や、卸会社の社長などをたくさん紹介していただきました。

とにかく紹介してもらえる人が、役員や社長をしている方ばかり。普通なら飛び込みで訪問しても門前払いになってしまうはずなのに、誰もが若造のオレを優しく迎え入れてくれました。

「やっぱり、世の中は金と人脈やなぁ……」

そんなこんなで、いろいろと大変なことも起こりましたが、たくさんの人たちを紹介していただいたおかげで、なんと、オレの会社は外資系大手の信販会社と契約することができました。

ここまでの話だけだと、順調に事が運んでいるように聞こえるかもしれません。しかし、そのときのオレは、自分の会社に専念していたのではなく、上垣さんの仕事も並行して手伝っていたので、飯を食うどころか、寝る暇もないほど忙しい状態でした。しかし、上垣さんにはお世話になりっぱなしだったので、それ以上のお返しをする気持ちで頑張っていました。

ところが、またも問題が発生します。

当初の話では、オレが独立して訪問販売の仕事でガンガン攻めて、卸の商品の差益と信販会社からもらえるキックバックを折半するという話だったのですが、なぜか話はどんどんズレていきます。

そして、上垣さんとオレとでもう一社、訪問販売の会社を作ろうという話になりました。オレには、訪問販売ではやり手の営業の知り合いがいましたので、彼らも誘って会社をやっていくことになりました。

オレは友人を誘っている手前、それなりに頑張ってはいましたが、「ガンガン単独で稼いでいく」という目標が少しずつズレてきていたことが気になりだし、かなりストレスが溜まってきていました。

訪問販売で成功するという夢が……

そんなときに、上垣さんが紹介してくれた経営者の一人と株の話になりました。

この人は五〇〇〇万円以上の年収があり、ほかの収入も合わせると、もの凄く儲けていたようです。

プライベートな話なので詳しく書くことはできませんが、そのときに聞いた話では、ライブドア株の取引で短期間のうちに一億円以上儲けたらしいのです。

それを聞いたオレは、すぐに証券会社に口座を作りました。こんな凄い人たちと一緒にいたら、「おいしいインサイダー情報が入ってくるのではないか?」といつもの妄想が始まったからです。とりあえず、オレは五〇〇万円を口座に入れて、いつでも株取引ができる状態にしておきました。

上垣さんは、別の人とも株式投資の話をしていました。

「その電話の人も訪問販売業界の人ですか?」

「いや〜、コイツはそんなんじゃなくて、株とか先物の投資関係の知り合いで、財テクで食ってる奴やで」

——財テクかっちょええ!——

オレは一人で感動していました。

しかし、現実は訪問販売の仕事が忙しく、株の勉強をする時間などまったくなかったので、たまにヤフーファイナンスで値上がりや値下がりのランキングを見ては、「インサイダー情報入ってこないかなぁ?」と淡い期待を抱くばかりでした。

訪問販売の仕事で忙しい日々が続いたある日のこと。

オレの会社が契約していた外資系の信販会社が、日本でのクレジット業務から撤退することが決定。つまり、信販会社との契約を打ち切られるということになったのです。

この頃は、そのほかの外資系金融会社や国内の信販会社も、ショッピングローンの事業をどんどん縮小して、訪問販売業界に氷河期が訪れようとしていたときでもありました。「消費者保護」「訪問販売は追放」「怪しい商売は完全排除」を目的に、特定商取引法（旧訪問販売法）という法律が、今まで以上に強化されたからです。

当時は、外資系の金融機関が日本での信販業務から撤退しているだけで、国内の信販会社は経営が厳しくなったものの、まだ何とかショッピングローンを使える状況でした。

ただ、冷静に考えて、信販会社のお客さんに対する審査が格段に厳しくなっていて、信販会社と深い付き合いがないと、訪問販売を続けていくには相当難しい環境になっていたことも事実です。

しかも、「いつでもクーリングオフされる」というリスクを抱えなければいけない状態では、この業界に先はないとオレは思い、徐々に手を引こうと考えるようになってきていました。

とはいうものの、オレは知り合いの凄腕営業マンを誘ってきた手前、そうやすやすと会社を放り出すことができず、胃がキリキリ痛む毎日が続きました。「業界の環境が悪くなってきたから、じゃあ解散ね。ホナ、みんな各自それぞれ頑張ってね～」では、あまりにも身勝手すぎるからです。

しかし、無理に続けても仕方がないので、ここは正直に打ち明けることにしました。

「このままやっていっても、状況がどんどん厳しくなるだけやから、各自それぞれやっていく方向でお願いしてもいいですか？」

普通なら、こんな言葉をかけようものなら、ブチ切れても不思議ではないはずですが、みんなはこの状況を理解してくれて、それぞれの道を歩むことを了承してくれたのです。オレはこの一件でみんなと別れ別れになると覚悟していたのですが、今でもつながっていて、よく飲みに行ったりしているんです。

——最高の仲間ですよね——

ほんとうにこのときは悩んで悩んでストレスを抱えまくっていたので、みんなには感謝しています！　オレは、仲間と環境に恵まれていて、めちゃんこラッキーな奴です！

「みんな！　ありがとう！」

オレは、そんな理由で訪問販売業界から撤退することにしました。当然、期待していた株のインサイダー情報を手に入れることもなく、凄い人たちとの縁は切れてしまいました。

最後に作った会社は、ヤフオクではなく、そのときに知り合った方に売り、オレは会社も、訪問販売業界での成功という夢も失ってしまったのです。

会社経営の難しさを
痛感しましたが、
まだまだ野望は捨てへんど〜（笑）。

第10章

専業投資生活へ華麗なる(？)転身

Are you happy?

こんなんで三人分の生活費を稼げるのか？

すべての目標を失ってからは、不本意ながら生活費を稼ぐためだけに、以前やっていたインターネットビジネスに舞い戻らざるを得なくなりました。

そして、週末になると仲間と飲みに行き、「ライブドア株で大儲けした話」を思い出しては、うらやましさだけが募る、気の抜けた日々を送り続けるだけ。

しかも、ヤフーファイナンスを見ては、「一日二〇パーセント値上がりすれば、一〇〇〇万投資で二〇〇万の儲けかぁ」と妄想癖は相変わらず。しかし、オレには「株で稼ぐ自信」どころか、実際に「株を買う勇気」すらありませんでした。

そんな状況なのに、友達には「株は絶対アツイやろー！　やるしかないでー」とやったこともないのに、いつも豪語していました。

ところが、「口座を作ってトレードする」と友達の一人が言い出しました。

「マジで？　マジで？　ホントに始めちゃうのん？」

オレは人にエラソーに勧めていた割に何も知らないド素人だったので、一人で勝手に興奮していました。

しばらくすると、その友達のことがどうしても気になって状況を聞いてみることに……。

「おー！　株か？　すぐにやってみたけど、いきなり一〇万も損したわ！」

「こりゃいかん！　友達に先を越されている場合じゃない！」

オレはすぐに株取引を始めることにしました。

次の日には、口座を開設していたイー・トレード証券に、早速、ログイン。使用期限の切れていた無料の投資ツール「パワー・イー・トレード」に申し込みをしようとしたところ、上位版の「ハイパー・イー・トレード」が登場しているではないですか。

新しもの好きのオレは、すかさず手続きを済ませました。

準備ができたといっても、何を買っていいかも分かりません。

ヤフーファイナンスで前日の値上がり・値下がりランキングをチェックしましたが、名前も聞いたことのない株を闇雲に買うのがイヤで、その日の東証一部値下がりランキングで一位だった「イトーヨーカ堂」の株に目をつけました（ていうか、一番下がっていたので……)。

オレは、なぜこんなに下げているのか？　相場の状況（地合い）が良いのか悪いのかも分からず、当然、日経平均株価の存在すら知りませんでした。

分散投資がいいと本に書いてあったので、まずは買い付け余力五〇〇万円のうち、半分ほどの二一〇万円で買い注文を出しました。

ハイパー・イー・トレードは注文が確定（約定）すると効果音が流れるのですが、初めての買い注文が約定したときのことは、今もしっかり覚えています。

「じゃららぁぁん……」

――ドッキン。ドッキン。ドッキン……――

効果音が突然鳴り響いたとき、オレはもの凄く緊張して、とにかく早く売ってしまおうと、すぐに売り注文を出しました。そして、

無事、売ることに成功！

このときは、手数料を差し引いて〝二五〇〇円〟ほどの利益。

利益はもの凄く少なくても、「生まれて初めての株取引で勝てた！」という事実が嬉しくて、興奮したのを覚えています。

この取引こそ、オレが投資人生を踏み出す第一歩になったのです。

この記念すべき日は、二六歳になってすぐの春。今まで目標にしてきた訪問販売会社設立を達成したものの、その会社を解散して、すっかり目標と自信を失っていたオレが、まさか株の世界に進んでいくとは思っていなかっただけに、今考えても信じられません。

「知識も経験もない、投資仲間もまったくおらず、何も分からない世界で稼ぐことができるのか？」

しかも、ちょうどこのときに、オレの初めての子供が生まれました。

まったく収入がないのに、こんなんで三人分の生活費を稼げるのか？

オレの頭の中では、夢と不安がグルグルグルグルと渦巻いていましたが、意を決して株式投資にチャレンジしてみることにしたのです。

ビギナーズラック到来！

皆さんは友人や知人に、「株取引の利益だけで生活しているんです」と言われたら、どう感じるでしょうか？

以前のオレには、株取引だけで生活している知り合いがいなかったので、そんな話を聞くことはありませんでした。しかし、オレが投資と出会う前に友人・知人からそんな話を聞いても、「それってホンマに儲かるのん？　でも、なんか、よーワケ分からんからどうでもいいわ」とあまり興味を示さなかったと思います。

しかも、オレはもともと営業や販売が好きでしたし、いろいろな人と出会える環境で仕事をしたいと思っていたので、うらやましいという気持ちも湧かなかったはずです。

しかし、投資を始めたオレは、「株取引だけで生活できたらいいな」と相変わらずの妄想を抱いて、毎日、株取引をするようになりました。

最初は訳も分からず、ちょこちょこ取引をしていたのですが、オレは基礎もルールも知らないだけでなく、経験もないし、相談に乗ってもらえる友人もいなかったので、一から自分ひとりで勉強することにしました。

せめて、ルールだけでも叩き込んでから売買すれば良かったのですが、三人分の生活費を稼がなければならないという焦りから、勉強しながらでも、取引を欠かすことはありませんでした。

しかし、淡い期待はもろくも崩れ、市場から手痛い洗礼を受けることになります。

誰でもそうだと思いますが、当時のオレは、お金を減らすことがイヤで、どうしても損切りする（損失を確定する）ことができなかったからです。

初めて取引した二〇〇五年四月は、月末からスタートしたこともあり、**三〇〇〇円ぐらいのプラス**で終えることができました。

――生活費にもならんっ！――

ところが、五月は何をやってもまったくダメ。儲けるどころかひたすら負け続け、二カ月目には、投資額五〇〇万円に対して八〇万円近くの大損失を出していました。

このときはインターネットビジネスの調子も悪く、収入がまったくない状態だったのでメチャクチャ焦りました。とにかく株は、「予想もしない、もの凄い損失を出すおそれがあるものだ」と痛感。とはいっても、どうしたら勝てるのかも分からず、あっという間に三カ月目を迎えることになりました。

いきなり「巨額損失」を出して、取り返したい気持ちばかりが募ってきます。しかし、そんなオレの気持ちに反して、損失はどんどん拡大していきました。六月末には、損失額がついに一〇〇万円を突破。

株を始めたときは、有名な企業や自分の知っている会社しか売買していませんでしたが、資金が目に見えて減ってくると、危機感はドピーク！

そこで、株価が二桁のいわゆる「ボロ株」と呼ばれている株を売買することにしました。理由はもちろん、「株数がいっぱい買える」からです（発想がハズカシ〜）。

ところが、ここで待ちに待った**「ビギナーズラック」**がやってきたのです（来るの遅っー！）。

ある日の午後の取引（後場）が終了（引け）する間際に、エス・サイエンスという銘柄が急に上がり始めました。無我夢中で買って、そのまま次の日に持ち越し。買った値段は三二円。株数は五万五〇〇〇株だったので、投資金額は一八〇万円ほどです。

次の日になって株価を見てみると、なんと！


四四パーセントも大暴騰！


しているではありませんか（あらビックリ！）。

オレは喜びと焦りが交錯する中で、なんとか四六円ですべての株を売却！

たった一晩で八〇万円ほどの利益をあげることができたのです。

調子に乗って次の日も買ってみると、このときも少しだけ勝つことができました。株を始めてからの損失を、ようやく三カ月目にして穴埋めすることができたのです。

資金的にも精神的にも、もう限界！

「なんだ！　負けてもすぐに取り返せるやないか！」

オレは有頂天になり、七月に入ってもボロ株を活発に取引しました。しかし、ビギナーズラックがそう何度もやってくる訳がありません。

先月必死の思いで取り返した分は、あっさりなくなり、四カ月目の収支はマイナス九五万円に……。また、損失が拡大してしまい、貯金をどんどん切り崩していました。

エス・サイエンスの儲けが単なるビギナーズラックだったのにもかかわらず、オレは完全に舞い上がっていて、「来月には取り返せる！」と何の根拠もない思い込みをしたまま八月を迎えました。

負けが続いていたオレは、単純な発想で、買った株が下がって損をするなら「売った株が下がれば儲かる」という信用取引、いわゆる「空売り」という技を覚えました。

「オレが買った株はすぐ下がるから、下がることを予想して空売りすれば大儲け」

ケツから屁が出るほど単純な理由で「空売り」をするようになったのです。

このときオレが空売りしていたのは紀州製紙という銘柄。ベテランの間では「仕手性の強い銘柄」で通っていました。仕手性の強い銘柄とは、ちょっとした思惑が働くと、みんながが飛びついてくるので急騰しやすくなる訳です。しかし、オレがそんな高度なことを知っているはずがありません。

「ぐへっへ～、これ下がるやろ～」

オレは気持ちの悪い笑みを浮かべながら、空売りして下がるのを待っていると、スーパーマリオの芋のツルのように株価がグングン上がっていくのです！

ニョキニョキニョキニョキ～。

——オレの目は点（口はパックリ）——

この株だけの含み損は、あっという間に五〇万円を超えて、六〇万円にもなろうとしていました。必死の思いで堪えて、株価がちょっと戻ったところで、またも損切り。

「お勘定はマイナス四〇万円なり～」

結局、オレは五カ月目でも損失を取り返すことができず、損失の合計が一五〇万円を超えて八月を終えました。

オレは、精神的にどんどん追いつめられていきます。

貯金は毎月の生活費で取り崩し、株で資産を減らし続けているところに、嫁にはついに仕事しろと言われる始末です。株取引にしがみついていたため、日中は家の中にずっといたからです。

そもそもオレは、家の中にずっといることが苦手な性格だったので、溜まりに溜まったストレスを発散する場所を求めて、パチスロに頻繁に行っていました。

が、しかし、ここでも悲惨な戦績が続きます。このときほど、「負けが込むとはこんなものなのか」ということを思い知らされたことはありません。

とうとう、資金的にも精神的にも限界に達し、顔中にはブツブツがいっぱい。

オレは五カ月もの間、まったく収入がなく、貯金は減る一方。家に引きこもりっぱなしの生活にも疲れ、嫁や子供を養っていく気力や、株を続けていく自信をすっかりなくしてしまいました。

それでも、このときには、株をやめられない理由があったのです。株式分割をする直前のブロードバンドタワーという銘柄を買ってしまったため、翌々月の末まで売却することができなかったからです。

しかも、この二カ月ほど前から書き始めたブログの読者の方々に、ときには励まされ、ときには慰められていたので、これだけは続けたいと思っていたからです（このときは、読んでいただいていた方はそれほど多くなかったですけどね。でも、多い少ないは関係ないですー）。

オレには株の話ができる仲間は一人もいませんでしたし、友人に株取引の話をしてもレスなしで、読者さんとのコミュニケーションが何よりの心の支えになっていました。

オレのブログに、よくコメントを書き込んでくれていた「ムック」さんや「れいん」さん（お会いしたことはありませんが）には、ほんとうに支えてもらいました。もちろん、そのほかの方々にも……。いつも思うのですが、「オレはいつもいろいろな人に助けてもらっているなぁ」とまたまた感謝です。

うまくやったら、取り返せるやん

とにかくオレはボチボチ？　セコセコ？　頑張っていました。九月に入っても、デイトレの収支はプラスにもマイナスにもならず、ほとんど変わらずでした。

ところが、二カ月の間、強制的に保有させられていたブロードバンドタワーが売れるようになると、儲けは五〇万円に……。この月の収支は奇跡的にプラス五〇万円になり、それまでの負けを一〇〇万円まで戻すことができました。

このときに思ったことは、「負けなくて良かった」という気持ちより、

「うまくやったら取り返せるやん」

でした。

――つける薬がおまへんっ!――

オレは、「せめてチャラにしたい」という気持ちが強くなり、もうしばらく株取引を続けることにしました。

その頃は、株式市場の地合いがめちゃくちゃ良くなっていて、「一〇年に一度来るか来ないかの大相場」とも言われていたらしいです(オレがそれに気づいたのは、その大相場が終わってからですが……)。

オレはマイナス一〇〇万円を取り戻すことを目標に株取引を続け、良い地合いにも助けられて、一〇月はプラス十五万円で終えることができました。株取引のコツを飲み込みつつあったオレは、「もしかしたら十一月ぐらいには割っていた元本を、取り戻せるかもしれない！」という気持ちにすらなってきたのです。

——やっぱオレ、目標ができるとつおいかも〜！——

そんなとき、オレのブログをいつも読んでくれていたハンドルネーム「株納言」という方が、コメント欄にお誘いの書き込みをしてきてくれました。

「むらやんさんが、年内に一瞬でも総合収支でプラ転したら、『祝！　プラ転の宴』をしませんか？」

株納言さんとオレはまったく面識がなく、ブログ上でしかやりとりをしていませんでしたから、「世の中には、そんな優しいことを言ってくれる人がいるんだなぁ」とほんとうに嬉しくなりました。

「株納言」さんの嬉しいお誘いに奮起したオレは、十一月にはひたすらセコセコした売買を繰り返し、マイナス一五〇万円まで沈んでいた投資元本を無事に回復することに成功したのです！

――まままマンモスうれぴー――

第11章

仲間との出会いとウチのオヤジ

Are you happy?

元本回復祝い飲み会！？

株取引を始めてから半年が経って、ようやく激減していた資金を元に戻すことができました。このときは、二十数年間の人生の中でも精神的にもっとも追い込まれた時期だったと思います。

その一方では、「まだ株を続けられる」ことが何よりも幸せに感じました。続けることさえできれば、まだまだチャンスがあると思っていたからです。

と同時にオレは、株納言さんの「元本回復祝い飲み会」のことを思い出し、ブログに「飲み会参加者募集」の告知をすることにしました。

しかし、当時のオレのブログのアクセス数は、一日に三〇〇～五〇〇件がいいところで、人が集まるかどうかも不安でした。ですが、来てくれたみんなには心から楽しんでもらいたくて、「全員オゴリます！」と大盤振る舞いの募集をしてみたのです。

何人かの方とメールのやりとりをして待ち合わせ場所が決まると、いよいよ「元本回復祝い飲み会」の当日がやってきました。

――株納言さんは来てくれるにしても、あとはせいぜい二、三人でショボショボやる感じになるかなぁ?――

オレは心の中でそうつぶやきながら、待ち合わせ場所に決めた梅田にあるナビオの角でしょんぼり立って待っていました。

待ち合わせは夜の七時半だったのですが、五分前になっても誰も声をかけてくれず、「出会い系サイトでネカマに引っかかって、待ち合わせをすっぽかされたカッコ悪い男」みたいになっていました（カッコワル～）。

しかもオレは、ブログやインターネットの掲示板で知り合った人と実際に会った経験が一度もなかったので、投資仲間や男の人といっても正直ドキドキでした。

が、しかし！　「あの人は絶対来る」と確信できるぐらい張り切って連絡してきてくれた人がいたので、「一番に声をかけてくるのは絶対あの人やな」と考えていました。

すると、「むらやんさんですか?」と嬉しい声がようやく聞こえると、一人、二人とどんどん集まってきてくれました。結局、待ち合わせ場所には合計六人のメンバーが集結。ところが、一人ずつ名前を確認してみると、例の一番張り切っていた彼がいないのです。

「田原さんはいませんかねぇ?」

何回聞いても、手を挙げる人は出てきません。電話にも出ないので、「移動します」とメールを打って、その場から動くことにしました。

ところが、ここで問題が発生(飲み会ですら、問題が発生してしまうオレって何?)。行き当たりばったりのオレは、何人集まるかも分からなかったので、お店の予約をしていませんでした。しかも、その頃は忘年会が大盛り上がりになるシーズン。

「お店の予約をしてないので、今から飛び込みで居酒屋を探していいですかね?」

みんなの目が三角になって血管がピクピクしながら、今にもアン・ドゥ・トロワの勢いでワン・ツー・ストレートが飛んできそうな雰囲気でした。

「い、いいですよ～、き、気にしないでください。ハハハハハ……」

みんながこう言ってくれたので、「みんな優しいなぁ」と心底感謝しました(勘違い)。

店を四、五軒まわっても、どこも超満員で、四時間待ち五時間待ちはザラ。みんなのマインドは完全に冷え込んでしまったのですが、デンクさん（仮名）が積極的に協力してくれたおかげで、何とか会場を見つけることができ、飲み会は無事にスタート。

しばらくすると、噂の田原さん（俊彦）からの電話。

「あ、寝てましたわぁ。今から行ってもええですかね？」

――やっぱりな――

そう思いながら、しばらく待っているとやってきました。その後に、もう一人遅れてきて、合計八人でめちゃくちゃ盛り上がり、二次会に発展することになりました。

「出会いに相当飢えていたのかもしれない……」

このときは、つくづくそう感じました。オレは新しく人と出会うことが大好きなのにもかかわらず、引きこもってデイトレばかりしていたからです。

メンバーで一番若かった手羅君（暴走族みたいな名前）とも仲良くなり、最後まで誰一人帰らず、解散したのは朝の五時過ぎ。

株の話をする相手もまったくいない状態で、しかも、デイトレだけを黙々とやっている環境では新しい出会いなどあるはずもなく、ほんとうに心の底から楽しみましたし、嬉しかったです。

しかも、ここから投資仲間の輪がドンドンドンドン広がっていくとは思いも寄りませんでした。

ライブドアショックもなんのその

飲み会も無事に終わり、年末にさしかかる頃、気持ちをリフレッシュできたこともあって、トレードにやる気が出てきていました。しかも、そんなオレを待っていたかのように相場はめちゃくちゃ良くなり、元本を回復した翌月の十二月には、月間損益が初めて一〇〇万円を超えるほどの大幅なプラス収支を達成することができました。

「やる気になると、巡り合わせも良くなるんやなぁ！」

「やっぱり、気持ちをリフレッシュして前向きな気持ちになれると、環境も味方してくれるのだ」と、このとき痛感しました。

そしてオレは、投資資金を五〇〇万円追加して、二〇〇六年のスタートを切ることにしました。

その矢先に「ライブドアショック」が炸裂！

オレは日をまたいでの取引を一切しないという自分の取引スタイルをすでに確立していたため、被害は一切ありませんでした。

それどころか、この日はパニック売りが起きそうだと感じ、ダヴィンチ・アドバイザーズという株を空売り！

ところが、約定通知がいつまで経っても届きません。パニック売りが相次いで、大阪証券取引所のシステムがパンクし、約定通知が遅れていたからです。

ダヴィンチの株価がそのままストップ安（一日の中の下限の価格）になると、やっと約定通知が到着。オレはすかさずストップ安で買い戻して大儲けすることができました（う〜ん、完全なラッキーボーイ）。

さて、その頃、東京でしか開催されていなかった投資家のイベント「トレーダーズミーティング」が大阪で開催されることになり、手羅君に誘われて参加。

ミーティングでは、凄腕トレーダーの方とお会いできたり、たくさんの投資仲間ができたりしました。

自分が二〇代前半だったら、こうしたイベントにはドンドン参加していたのかもしれませんが、二七歳になっていたオレは積極的に動く気持ちが薄れていただけに、行動力のあった仲間には感謝の気持ちでいっぱいです。

投資仲間の輪が広がり、楽しい環境になってくると、さらにラッキーな状態が続き、年始から四月までは毎月二〇〇万円ほどの利益をあげることができました。

「ほんとうにマグレが続いてラッキーやわぁ」

まわりの人には謙虚な姿勢を貫いていましたが、内心では、

「株は慣れたらチョロイのぉ〜」。

オレは、完全に調子に乗っていました。

株を始めて一年も経たないオレが株取引のプロになれる訳がないのに、「すぐに資産が倍になりそうやな」と完全に油断していたのです。

そして案の定というか、ノリノリが最高潮に達したところで、悪いことがやってくるんですよね。それは、四月からの悪夢。

日経平均株価が年初からの高値をつけた直後に、世界同時株安が始まったのです。そこからはもう何をしてもダメ。四月は月初から一〇〇万円は勝っていたのに、その利益をすべて吐き出し、月間収支はマイナス三〇万円。

さらに、五月、六月は二カ月連続で二〇〇万円以上の大損失を出してしまいました。

さすがにこれ以上熱くなって損失を広げるのはまずいと悟り、資金を年初の一〇〇〇万円に戻して、七月から再スタートを切ることにしました。この時期は何もかもがうまくいかず、勝てる自信を完全に失っていました。

これが**「〝第二次〟苦悩の日々」**でした。

このときになって、ようやく「地合いの良さと運だけで勝てていたんだなぁ」と気づき、またしても「しょんぼりむらやん」に逆戻り。

ところが、ブログの読者さんからは、「あ〜あ、またやっちゃった（笑）……、オレなんて退場ですよ！」とオレを気遣ってくれるコメントをもらったり、田原さん（俊彦）や手羅君は、自分たちもトレードで疲れ切っているのに、朝まで居酒屋で付き合ってくれたりしました。

ほかの投資仲間も、あの手この手で落ち込んだオレを元気づけてくれました。「みんながいなかったら株をやめていたかもしれない」と思うと、二年経った今でもあのときの恩は一生忘れないと思います。

「人間はやっぱり、一人では生きていけないなぁ」

謙虚に、反省！

あら不思議！？　ウチのオヤジは死にません

投資生活を始めて一年以上が経った七月、仲間の力添えもあって「〝第二次〟苦悩の日々」を乗り越え、投資資金一〇〇〇万円で再スタート。

「オレには楽しい仲間たちがたくさんいるから、楽しければそれでいいや〜」

軽い気持ちで再スタートしたのが良かったのかもしれません。

「儲けたい、儲けたい」という気持ちで取引するよりも、「仲間たちと一緒に楽しむ」というスタンスにして肩の荷が下りたのか、不思議と投資の調子は上向き、毎月二〇〇万円のペースで稼げるようになりました（仲間の支えによる気持ちのゆとりはスバラシイッ！）。

「順調に資産も増えていき、あっという間に倍になるかな？」と思っていたところに、またも問題発生！

オレの人生こんなんばっか！

「実家のオヤジが庭で小屋を作っているときにハシゴから落ちた」との連絡がオネエから入ったのです。腰の圧迫骨折で入院してしまい、オヤジは当分の間、仕事ができなくなってしまいました。

「お金の遣い道を間違ったらいけない」

今まで親孝行をしたことがなかったので、「できるときにやっておかないと後悔する」と思い、仕送りをすることにしました。

何もしなければ、お金は株取引の原資にするか、酒を飲んだり、買い物をしたりしてなくなってしまうのが関の山ですし、こんなことはオヤジへの仕送りと天秤にかけるに値しなかったからです。

それでも、資産倍増まであと少しのところだったので、「投資でもっと増やしてからでいいんじゃないか？」という考えが、頭の中をよぎりましたが、「それを言い出すと永遠に親孝行なんてしないだろうな」と思って、四カ月限定で毎月三〇万円をオヤジに仕送りすることにしました。

そして、オレの仕送りノルマも完了して、「ヨシ！　資産倍増頑張るぞ！」と意気込んだ次の月に、またまたオヤジが脳梗塞で倒れたのです（連続技ですか〜）。

さすがに今回は〝血管が詰まる系〟の病気だったので、いつポックリ逝ってもおかしくなく、オレとオネエは本気で心配していました。

その一方でオレは、

「相場はなくならないんだから、今は生き急ぐな！」

と何度も自分に言い聞かせました。

オヤジがいろいろな検査を受けてみると、どうやら悪いところがいっぱいあったみたいです。精密検査が必要だと病院の先生から言われ、オヤジの世話をお願いしていた親戚に電話で話を聞いてみました。

「どういう状況で精密検査が必要なん？　症状は？」

「先生が、〝じん臓〟がレントゲンに写らん言うとるんよぉ～」

親戚もよく分かってないのか、先生の話を聞き違えているのか、意味不明な言葉が返ってきました。

――ウチのオヤジはサイボーグかいっ！――

後でよくよく聞いてみると〝じん臓〟だったようです（どっちにしてもマズイけど）。

そしてオヤジは、愛媛県で一番大きいといわれている愛媛大学附属病院に二週間の検査入院をすることになりました。

すべての検査が終わると、オレとオネエは先生に状況をしっかり聞くことにして、真顔でオネエに話しかけました。

「最悪、いつ死んでもおかしくないって言われるかもしれんぞ。でも、ちゃんと話は聞いておこうな」

と、ところが、先生の言葉を聞いてビックリ！

「なんでこの状態で生きているんですか？　普通はもうとっくに死んでいますよ。あら不思議」

——ネガティブサプライズとおり越した——！——

オレとオネエは唖然。ここまで言われると、もう何も期待はしませんでした。

どうやらウチのオヤジは凄いようです。

オヤジの病気は大動脈乖離っていう心臓の近くにある三重の太い血管の層が一枚裂けていて、もう一枚が裂けるとダメらしいのです。

お医者さんの話によると、一枚目の血管の層が裂けたときは、「象に踏まれるくらい痛い」ので、すぐに気づいて病院に行き、生存率二分の一の手術をするかどうかを決めるぞうなのです。

ところが、ウチのオヤジはどうやら、「象に踏まれるくらいの痛み」にさえ気づかなかったようなのです（天然やね〜！）。

今の段階では「なんだかよく分からないけど生きているので、無理に危険な手術をする必要もないから、このままでいきましょう」という話になりました（う〜んナゾい）。

そんなオヤジですが、イヤ、そんなオヤジだからこそ、オレはオヤジのことが大好きで、めちゃくちゃ尊敬しています。

オレが株をやっていることを相当心配していたみたいなんですけど、オレの自分勝手な生き方に「人に迷惑をかけるな！」という言葉以外、何ひとつ口にせず、自由に生きさせてくれているオヤジに素直に言いたいですね……。

「ありがとう」

短期間のうちに投資で稼いで、さらなる目標にダッシュで走っていたオレですが、いろいろと私事が多かったので、そのスピードを競歩くらいに落とすことにしました。

この年は次から次へと大変なことが起こって忙しかったですけど、オヤジや家族、そしてオレに関わってくれているすべての人の大切さが身にしみた一年だったと思います。

「みんな、ありがとね」

第12章
夢と目標とHAPPYを忘れない

Are you happy?

みんなどこまで良い人やねん！

「Ａｒｅ Ｙｏｕ Ｈａｐｐｙ？」

もし、誰かにこう聞かれたら、皆さんは何て答えるんでしょうね？

「質問は日本語でお願いします」みたいなネタ的な要素はお・い・と・い・てぇ！

オレはこの質問に迷うことなく、

「バリバリ、ハッピーやで！」

と答えられるような生き方をしたいと思っています。

「自分が幸せかどうかは、自分の感じ方次第で、どちらにも転ぶ」とオレは思ってるんですけど、どうでしょうか？

メチャクチャ貧乏な家庭に生まれて、家庭環境がものすごく悪くて……って愚痴っぽく考えるのは、常識や世間的な比較感にとらわれすぎていると思うんですよね。

だからオレは、「一般的なモノサシ」と「自分のモノサシ」の両方で考えることにしています。一般的なモノサシで考えたら、オレは幸せじゃないかもしれないけど、自分のモノサシで計ると、「結構、幸せなんだな〜」と実感できるときがあると思いますよ。

きっと、自分が幸せかどうかは、他人が決めることじゃなくて、自分が決めることなんですよね。だから、「オレはハッピーやで！」と答えられる生き方ができているときに、オレは幸せだと実感できるんだと思います。そして、

「人生楽しんだ者勝ち！」。

オレは昔も今も強く思っています。

オレの考え方は完全にオヤジ譲りで、「世間に迷惑をかけなければ、何でも自分の好きなことを好きなようにやれ！」って感じなんです。

とにかくオレは、思いついたら何でもやりたくなるし、いろいろなことに興味がありまくりの興味津々丸ですから、今までほんとうに自由奔放に生きてきたと思います（自慢でもなんでもなくて）。

たとえば、時間があったときに東京の友達のところに遊びに行くことにしました。

だけど、友達が忙しくて、あまり相手にしてもらえなかったので、思いつきで北海道に行こうと……。

所持金が二万円しかなく、何泊になるかも分からなかったので、とりあえず栃木まで電車で行き、その辺の民家を訪問して、**「今日、泊めてくれないですか?」**と言ってみたんです。

案の定、キッパリ断られてしまいました。

泊まるあてもなかったので、仕方なくヒッチハイクで北海道まで行くことにしました
コンビニでお絵かき帳と黒マジックを買って、栃木にいるのに「北海道」と書いて道路に立っている(アホすぎて開いた口がふさがらない状態なんですけど)と、意外に乗せてくれる人がいるんですよね。

(浅はかすぎた!!!)。

乗せてくれた人たちには、「マジで死ぬほどいい人!」と感謝感謝です。七年くらい前の話ですけど、今でも全部はっきりと覚えてるんです。

栃木から福島まで乗せてくれた若い男女は、男の人が片思いで女の人を狙ってる感じだったんです。

「泊まるとこないならウチに泊まってく？」

女の人がオレに言った瞬間、

「ん〜、ダメダメ」

男の人が猛烈にガード。面白い空間でした。

福島から仙台までは、アンドレ・ザ・ジャイアントみたいなおっちゃんに乗せてもらいました。このアンドレのおっちゃんもめちゃくちゃいい人でした。

仙台に着いたら、

「泊まるトコないやろ？　サウナ泊めてやるからついて来い」

その次の朝は、

「腹減ったやろ？　朝飯食いに行くからついて来い」

さらに感動したことが、そのおっちゃんは普段、大衆食堂に入ると、「ご飯と味噌汁に魚つけてくれ！」っていうタイプの人っぽかったんですけど、オレが若かったからか、気を遣ってくれて、高校生とかが行きそうなカフェに連れて行ってくれたんですが、パンとかコーヒーとかに慣れていないから、注文するのにすごく困っている様子でした。

このおっちゃん、マジでいい人すぎ!

仙台から岩手まで乗せてくれた人はすっごくいい人だったんですけど、何しろ、道すがらまったくしゃべらないので少し焦りました。

あとは、岩手から青森まで乗せてくれた同年代のローライダー系のイケイケ兄ちゃん二人組も優しかったですよ。マクドでおごってくれたり、会社の寮に泊めてくれたり。さらにさらに次の日には、「盛岡は旨い冷麺屋あるから、ご馳走するよ! 食べていって!」ってもうー、いたれりつくせり〜。

青森の港から苫小牧までは船で渡りましたが、苫小牧に着いたら猛吹雪。

ヒッチハイクできなかったので、バスで札幌まで行ったのは良かったのですが、帰りの電車賃が足りません。

全所持金の五〇〇〇円を握り締めてパチスロで勝負すると、これが見事勝利!

電車でのんびり帰るつもりが、大阪まで飛行機でひとっ飛び。三時間で帰りました(帰りはロマンなさすぎっ）。まぁ、パチスロで勝負して勝ったのはロマンですけど、負けてたらどうしてたんでしょうね？

とにかくビッグマウスでオーケー

こんな話だけ聞くと、楽しいことばっかりだと思われてしまうかもしれませんが、オレも結構悲しいことや辛いことをいっぱい経験してきました。でも、そればっかり思い出していても楽しく生きられないので、常に前向きに考えて行動したいと思っています。

悲しいことや辛いことって生きていればいっぱいあるんですけど、ほんとうに不思議なことにまわりの仲間が助けてくれるんですよね。

だからオレは、ものすごく人との出会いを大切にしてますし、仲間を大切に想っています。ほんとうに家族や仲間ってめちゃくちゃ良いもんだし、それでさらに前向きに楽しめたらサイコーだと思うんですよ。

オレにとって幸せを実感できるのは、「人生楽しんだ者勝ち！」って言えるとき。

みんな、それぞれで幸せのモノサシは違うとは思いますが、前向きに全力で実行してみると、人生が何倍も楽しめるような気がします。楽しくないより楽しいほうがいいじゃないですか。でも人に迷惑だけはかけてはいけないですけどね。

そして、オレがもうひとつ大切だと思っていること。それは、

「思考は現実化する」

ていうこと。

う〜ん。すごく気持ち悪い言葉に聞こえたかもしれませんけど、これって結構マジなんです（さらにキモッ）。

どういうことかというと、普段からずっと思っている夢や目標、または妄想などが現実になったりすることが、結構、あったりするんでビックリするんですよね。

有名なところでは、野球のイチロー選手の話だったり、ケンタッキーフライドチキンのカーネル・サンダースの話だったり……、詳しく知りたい方はインターネットで「イチロ

――小学校六年生」「カーネル・サンダース　1006回」と検索してみてくださいね。アホみたいな妄想でも実現することがオレにも実際にありました（二度ビックリ！）。

オレは計画どころか、何の根拠もなく、「一〇〇〇万円を貯めて会社を立ち上げる！」と妄想してそれを実現しましたし、何のコネクションもないのに、「信販会社と契約して訪問販売の会社を立ち上げる」と言って、実際に契約して立ち上げられましたし……。

三年前には、「来年、自分の本を出版する」ってまわりの連中に豪語してたんです。時期的には遅くなりましたけど、今読んでいただいている本を出すことができました。

さらに、オレはアイドルや芸能人にあまり興味がなく、経済界の大物の方をもの凄く尊敬していて、「どんな形でもいいから、いつか、経済界の大物の方に会ってもらいたい！」と思っていたら、つい先日その飛び抜けた妄想が現実化しました（これは凄い！）。

三年ほど前から友達に言い続けている妄想があります。

それは三〇歳になったときに資産がいくらあるか？　っていう話で、オレは何の根拠もなく一億円と言いました。

これはまだ実現していません。でも時期は先になるかもしれませんが、達成するかもしれませんね（完全妄想モードで、手ぇつけられませんわ〜）。

でも、この本で紹介したオレの妄想は、どれも突拍子もないことばかりでしたが、今後もどうなるかは分かりませんね。

吉本の芸人に関しての妄想は完全に挫折しましたので……。

とんでもない発想の話を友達から聞かされても、「はあ……、ハイハイ。勝手に言っておいてくださいね」となるかもしれませんが、これが意外と良かったりしますよ。

オレが今までに聞いてきたとんでもない発想では、以前に勤めていた会社の会長の話が一番印象に残っています。

会長は五〇代半ばの立派な人でしたが、オレに真顔で「ワシの目標は世界征服や！」って言っていました。

最近友達になった奴は二〇代半ばで、「数年後に裏社会を牛耳って操る」って言っていましたので、オレの言ってることなんか、まだまだ序の口ですね。

とにかくビッグマウスでいいと思いますよ？　ただ、あんまり言いすぎると変な奴だと思われるので気をつけてくださいね。

結局、この「思考は現実化する」っていうのは自分の夢であったり、目標であったりするものと通じるんだと思います。

とんでもない夢や目標でも、それを実現するという信念が何よりも大切だと思うんです。

オレに関わってくれているすべての方に

「人を大切に想い、好きなように楽しんで、ハッピーになるのが一番！」

くどいほど、オレはこの言葉を繰り返してきましたが、やっぱり夢や目標がなければ、楽しみも幸せも半減してしまうと思います。ほんとうに人生を楽しむためには、夢や目標を常に持ち続けているほうがいいですよね。

それに妄想でもいいから、はっきりとした夢や目標があったときのほうが、自分が持っている以上の力を発揮できたりするんですよね！

夢や目標が単純でも複雑でも、突拍子のないことでも、あるのとないのとでは、やっぱり、天と地ほどの開きがあると思います。そんなエラソーに言うオレも目標はよく変わりますが、常に持ち続けています。

吉本興業で芸人になるという夢が破れ、一〇〇〇万円の貯金や会社の設立、経済界の著名人との出会いや本の出版などなど、常に目標や妄想は忘れなかったつもりです。とはいえ、オレの東京ライフのときのように抜け殻になるときもあります。あのときはほんとうに人生を腹の底から楽しめていなかったと思います。

誰にでもそういう時期ってあると思いますが、できるだけ早く抜け出して、毎日ハッピーな人生を送りたいですよね。


今は株取引のみで生活しているオレですが、別の目標があります。

投資については一生、やめるつもりはありません（強制的にできなくなることはあります）が、この先ずっと株だけで生活していきたいとも思っていません。

成功するか、失敗するかは分かりませんが、株で資金が貯まったら、新しく会社を立ち上げてビジネスをやりたいと考えています。

でも、このビジネスはお金儲けをしたいというより、オレの大好きな「人と人とのコミュニケーションをもっともっと広げられるものを」と考えています。

だから、オレ自身もその目標に向かって今は邁進中です。

オヤジの体のこととかいろいろあって、今はダッシュできていませんが、新たなビジネスを始めるためにも、まずは投資生活で成功しないといけませんね。

とにかく目標を忘れず、モチベーションを上げて毎日ハッピーになれるように頑張りたいですね。

目標、目標と大それた言い方をしていますけど、これは別に大きな目標でなくてもいいと思うんです。

タバコをやめるとか、ダイエットをするとか、彼氏、彼女を作るとか……。人生をよりいっそう楽しむためには、欠かせないモノだと思いますよ。

「とにかく、どんな小さなことでも、アクションを起こすようにする！」っていうのが一番大事かもしれないですね。

目標がないなら、なんでもいいから作ってすぐに行動したり、その目標を人に話してみたり、ノートに書いてみたり、それだけでも、ずいぶん変わってくると思います。

世の中には本気で「夢は世界征服や！」と言っている人もいるくらいなので、何を言っても問題ないですね。ちなみに、世界征服と豪語していた人は、ビジネスで大成功を収めてますよ。きっと今も、夢は変わっていないのでしょうけど（ぶっ飛びすぎっ！）。

それと、気の合う仲間も大切ですよね。

オレは二五歳を過ぎてから、もう、昔のようなイケイケの気持ちが少なくなってきていたので、もう親友のような友達はあまりできないだろうと思っていました。

ところが、いろいろな人と出会っていくうちに、気の合う仲間に年齢は関係ないとも感じました。実際にオレはこの二年で親友が増えましたしね。

それに仲間や親友、そして家族が、お互いのことを大切に思っているだけでなく、そのことを感じ合えることが大切なんですよね。

ほんとうに人と人とのつながりは大切。

手羅君に連れて行ってもらった証券バーのオーナーの本田さんが、これまたメチャクチャいい方で、この人はたぶん、「いい人すぎて、損してるんちゃうかな?」って、オレが心配してしまうくらいです。

今回の出版に関しても、本田さんなくしては絶対に実現しなかったと思います。心の底から感謝です。また、あれこれアドバイスしてくれた編集者の四阿さんにも、紙面を借りておれを言いたいです。

「なんでオレのまわりにはこんなにいい人ばかりなんや！」って思ってしまいます。

こんなアホみたいなオレが今を楽しく生きられているのも、日本を作ってきた「面白い大人」の方々のおかげだと心から思っています。

たまたまかもしれませんが、オレのまわりにいる年上の人たちは〝ほんとうに面白い大人〟ばっかりです。「やっぱり皆さん、今を楽しんでいるんだろうなぁ」とつくづく感じます。オレも年をとったら、そんな面白い大人になれるかな……？

いや、なれるように頑張ろう。そんな大人を目指して頑張ります！


「モチベーションを維持し続ける！」


思うに一番難しいのは、自分のモチベーションを持続させることだと思います。

オレもモチベーションが下がるとどうしようかと悩むことがあります。そんなときには、たとえば、自己啓発の本を読んだり、CDを聴いたりして、「一気にモチベーションを上げる！」というのも手だと思います。

一般的に、「モチベーションを高い状態で維持できるのは、せいぜい一週間」と言われているようです。これを下げない方法のひとつとして、「自分は一般人とは違うからモチベーションが一週間で下がることなんてない！」とプラス思考で考えるなんてどうでしょうか？

「モチベーションが下がってしまうと、夢や目標が叶いにくくなる」

オレはこう思っています。

オレのまわりで、夢や目標を実現した人たちは、「何しろモチベーションを上げることに集中してきた」と口をそろえて言っていました。

モチベーションを高い状態で維持することができれば、きっと夢や目標のほうからどんどん近づいてくるのだと思います。

そんなエラソーなことを言うオレ自身がモチベーションを保ち続けなければいけない立場ですので、まだまだ頑張らないといけません。

ややこしいことをいろいろ書きましたが、この本を読んでいただいた皆さんにも、今まで以上に人生を楽しんで、ハッピーになってもらえたらいいなと思っています。

お会いできる機会があれば、ぜひお会いしたいです。

まだまだオレは成功もしていないし、前途多難な人生が待ち受けていると思いますが、誰にいつ聞かれても、「サイコーにＨＡＰＰＹですよ！」って、自信満々で答えられるように頑張ります！


最後に……。

今までも、そして、これからもオレのことをたくさん助けてくれるであろう家族、仲間、関わってくれているすべての方、そして、これから関わってくれる方に、

「ありがとう！　そして、これからもずっとヨロシク！」

夢や目標を持って、最高の家族や仲間と、最高に楽しくてハッピーな人生を送りましょうね！


「人生笑ってナンボですよ！　ワッハッハー！」

人生笑ってナンボですよ〜！
♫と
ワハハ
ワハハ

あとがき

もうひとつ、オレが言っておきたかったこと……。

「家族や仲間、人との出会いがあってこそ、人生をほんとうに楽しめるんだなぁ」

二八年間生きてきて、このことを、いつも痛感しています。

お互いを大切にし合ってこそ、今、そして、これからの人生を、何倍にも楽しむことができるのだと思っています。


一度きりの人生、楽しもうやー!

Special Thanks

村上勝治／守恵／奈々／敬／丈／健／堤總一／友香／圭司／高原時子／児玉政幸／知子／颯南ちゃん／K.Ｉ／M.Ｉ／人文／知可さん／正敏／英子ちゃん／拓海君／道生／遼ちゃん／智紀／周平／加奈さん／知弘／順ちゃん／真行／真由／祭林竹彦（貴行）／浩貴／良太／幸／みっくん／まさゆき／伴紀／井上班長／速ちゃん／まやちゃん／森山モリモリ／いくちゃん／川村さん／荒尾君／大野君／原田君／酒井ちゃん／廣ちゃん／ガチャ／塩田輝雄／ともちゃん／みやん／りおっち／恵美ちゃん／高居君／長坂君／妙ちゃん／こころ／畑ボー／松山会長／橋詰さん／絵吏菜／早苗ちゃん／えみごまる／エルエル／ゆっきー／かんちゃん／たっつん／荒川君／北尾CEO／柳社長／中原勇さん／平山さん／中谷さん／上瀧社長／ヒロ／かよちゃん／泉井さん／tera／とも君／むーちゃん／てっちゃん／株鬼さん／しゅうちゃん／DINKさん／土慈大壱さん／MANA／キク／岡もっちゃん／るーちゃん／四阿さん／本田さん／藤ノ井さん／泉さん／川岸さん／太田さん／石川さん／君塚さん／たえさん／さおちゃん／かずきちゃん／レイジ／木村和久さん／石田高聖さん／上原さん／中島さん／髭ちゃん／けむ。さん／なべちゃん／Ｉirobowさん／武者さん／毘沙門天さん／株之助さん／ほいみさん／ドリームさん／燃志さん／石井さん／タケお君／恒星さん／Fumi

さん／蓮華さん／おまめさん／サトシさん／キララさん／でーけん／ohly君／jyaicoさん／光人君／SBさん／miranoさん／株納言さん／まこつ君／りゅうさん／Akoさん／蓮君／宝山さん／ゆっきーさん／SAKUZO。さん／天昇さん／toratoraさん／次山さん／Silverさん／Morimanさん／kitkitkitさん／screwbatさん／hydeさん／べるうさん／Guckieさん／もげさん／しむさん／satcさん／ハルさん／ピーナッツさん／MIZUさん／藤井さん／中山さん／さくらさん／たまちゃん／しいなさん／ダメポさん／竹村さん／hasetさん／みっちさん／ひろくん／あっちさん／リュウスケさん／KALANI君／kabureraさん／トラファンさん／れいんさん／ムックさん／かまぼこさん／Hahahaさん／遅れさん／黄さん／マッチー二さん／ヒゲ栗男さん／あきさん／四季さん／熊谷さん／あっこさん／浜田さん／コロちゃん／ばんちゃん／福留さん／こもさん／macotoさん／とりいさん／藤澤さん／中井さん／ま～やんさん／ぷりんさん／岡村さん／ゆきぽこさん／トムヤムイトウさん／株かばさん／いなさん／さるさん／みつおさん／まぁさん／吉田さん／くりろうさん／junさん／とるねおさん／AMAさん／ラリさん／なおさん／きよさん／中原さん／おっちゃんさん／たかしさん／うさ飼いさん／まめさん／バックパックさん／ともちゃん／ノアちゃん

ブログ読者の皆様／株式会社エフピーアイ／アルケミックス株式会社／東洋／TRADERS G

REEN CLUB賛同の皆様／SBIイー・トレード証券／有限会社グローバルエステート／有限会社エステクス／株式会社グッドフェローズ／有限会社ムーブコミュニケーションズ

■著者紹介

むらやん（村上直樹）

一九七九年、愛媛県今治市伯方島生まれ。

吉本芸人を目指しＮＳＣ（吉本総合芸能学院）に入学するが挫折。

その後、独立開業を目指し多種多様な仕事で資金を貯めて起業するも、やるべきことが見つからず、ヤフオクで会社を売却。さらに訪問販売会社を設立するが、やはり事業はうまくいかずに廃業。

二〇〇五年からは、残った貯金を元手に株式投資にチャレンジ。悪戦苦闘を繰り返しながら、投資の世界で生計を立て、妻と二人の子供を養っている。

現在は、投資で成功することと、新たなビジネスで再度起業することを目標に邁進中。「ストップ高直撃ブログ（http://cadillac600.blog14.fc2.com/）のタイトルで、日々の投資成績も公開している。

ブログランキングでは、トップ５にランクインする超人気ブロガーでもある。

ビンボー万歳！
――夢と目標とＨＡＰＰＹを忘れない――

二〇〇八年三月十一日　初版発行

著　者　むらやん（村上直樹）
装　丁　富澤　崇
イラスト　サガー・ジロー
発行人　藏前　康則
発行所　アルケミックス株式会社
〒101-0063　東京都千代田区神田須田町一－五－十四
電　話〇三－五二九六－八二二八
発売所　株式会社北辰堂
〒101-0063　東京都千代田区神田須田町一－五－十四
電　話〇三－五二九六－七一七五
印刷・製本　中央精版印刷株式会社

ISBN978-4-89287-506-9 C0076